だいわ文庫

マリリン・モンローの言葉

山口路子

大和書房

MARILYN
MONROE

はじめに

美しき魂のシンボル、マリリン

マリリン・モンロー。「五百年にひとり」と言われる女優。

彼女は、死後五十年以上が経ったいまでも、圧倒的な存在感で、じつに生き生きと、その類《たぐ》い稀《まれ》な魅力を放っています。

かわいい女性、セクシーな女性、男性に夢を与える女性、ときには同性から見てもかっこいい女性として、写真集、カレンダー、ワインボトルのラベル、コースター、Tシャツ、ノートブックなど、あらゆるところに、さまざまなポーズ、さまざまな表情で、マリリンの永遠の美は刻印されています。

特別な女優のドレス

二〇一一年六月には、マリリンが映画『七年目の浮気』で着た白いドレスが四六〇万ドル（当時三億七千万円）で落札されて話題となりました。地下鉄の換気孔の上でスカートがふわりとひるがえる……と言えば、多くの人がイメージできる、あのホルターネックの白いドレスです。

また二〇一六年十一月には、ケネディ大統領の誕生日祝賀会（一九六二年）で着た、二五〇〇個のスワロフスキーのクリスタルが縫《ぬ》いこまれた薄いベージュのドレスが四八〇万ドル（当時五億三千万円）で落札されました。

これらの落札価格はグレース・ケリー、エリザベス・テイラー、マドンナたちのドレスとは桁《けた》が違っていて、このことは、マリリン・モンローという永遠のスターの、どうしようもない特別性を物語っています。

自筆のメモ

没後五十年の二〇一二年には、ドキュメンタリー映画『瞳の中の秘密』が公開されました（日本公開は二〇一三年）。これは自筆のメモや詩、手紙が公開されたことを受けて制作されたもので、現在活躍する俳優たちがマリリンの言葉を朗読するというユニークな構成となっています。マリリンのメモがベースなだけに、よけいな色がついていないというか、マリリンの声がそのまま聞こえてくるような、マリリンをひじょうに近くに感じられるドキュメンタリーです。

公開されたメモ類は『マリリン・モンロー　魂のかけら』というタイトルで一冊の本にまとめられています。自筆がそのまま掲載されていて、乱れた文字、ぐちゃぐちゃのメモなども多く、マリリンとしてみれば公開するつもりなどない、きわめてプライヴェートな内容なので、これを公《おおやけ》にされることを彼女はどう思うだろう、と想像すると、苦い想いが胸にせまります。

けれど、そこには、たしかに生身のマリリンがいます。苦しみ、ときに叫び、そしていつだって素晴らしい女優になろうとがんばっていたマリリンがいます。

とにかくマリリン・モンローは、未公開のメモ類、というだけで、一冊の本ができ、映画が制作される、そういう存在だということです。

彼女はロサンジェルスのウエストウッド・メモリアル・パークに眠っていて、ここは壁に柩《ひつぎ》を納めるタイプの、お墓のマンションのようなところで、通常は安価なのですが、マリリンの前後左右のスペースだけは高値で取り引きされています。隣のスペースはすでに「プレイボーイ」誌の創刊者ヒュー・ヘフナーが「マリリンの隣で永遠を過ごしたい」と購入済みです。

過酷な少女時代と劣等感

マリリン・モンローは一九二六年六月一日、父親を知らない子としてロサンジェルスに生まれ、過酷な少女時代を過ごし、自力で女優となり、約三十本の映画に出演しました。三度の結婚と離婚を経験し、子どもを望んだけれど叶いませんでした。一九六二年八月五日、ひとりきりのベッドで亡くなりました。三十六歳でした。その死は謎に包まれ、さまざまな憶測が乱れ飛びました。いまでも新説が飛び出すなど、多くの人にとってマリリンの事件は終わっていません。

生涯を通して、マリリンには強い劣等感があり、彼女の生涯はその劣等感との闘いだったと言ってもいいくらいです。

まず、「教養」に対する劣等感がありました。高校中退という学歴、自分には教養がないことを恥じ、時間があれば本を読み、大学の講座をとりました。

「生い立ち」に対する劣等感がありました。幼少期、誰にも愛されずに育ったという気持ち、誰も自分のことを必要としていないという感覚は、死ぬまで拭《ぬぐ》えず、愛し愛されることを追い求めました。

「本格女優」ではないという劣等感がありました。「頭の弱いセクシーなブロンド」のイメージから脱却し、立派な女優になりたくて、世界的スターとなってからも演技の勉強を続けました。

あんなにも美しく魅力的なのに、そして聡明《そうめい》であったのに、マリリンは優越感とは無縁で、劣等感を抱き続け、必死でそれを克服しようとしていた、そういう人でした。

それでも当時の人々は、マスコミもファンも、マリリンの中身を見ようとせず、そのことに彼女は苦しみました。

苦しみながらも、それでも、いつだって人々が望む通りのマリリン・モンローを演じ続け、夢を与え続けました。美しすぎることを詫《わ》びるような儚《はかな》い微笑を浮かべて。

そうしながら劣等感と闘い続けました。周囲からどんなに「冗談あつかい」されても、諦めずに、いつか人々の尊敬を得たいと願い、涙ぐましい努力を続けたのです。

世紀のセックスシンボル

マリリンを絶賛していたフランスの文学者サルトルは言いました。

「彼女から発散するのは光ではなく、熱気。それがスクリーンを燃え立たせる」

まさにその通りで、それゆえ共演者はどんなスターであってもマリリンと一緒だと影が薄くなってしまうという、おそらくそれは「彼女にはそれがあった」としか言いようのない「才能」を、マリリンはもっていました。

人々は、マリリンを「世紀のセックスシンボル」と呼びます。

女性ならば誰もが憧《あこが》れるような肉体、「とろりとクリームをかけた桃のような肌」をもち、ぽってりと濡れた唇を少しだけ開いて、誘惑の瞳、ベッドルームアイズで人々を見つめました。

体も精神もガラス細工のように脆《もろ》くて、それが独特の魅力を醸《かも》しだしていました。

そのようすは人々の保護本能をかきたて、誰もが彼女を守ってあげたいと思いました。彼女の肉体、存在には力強さというものがありませんでした。

マドンナはデビュー当時、意識的にマリリンを模倣《もほう》したけれど、マドンナのような強さはマリリンにはなく、そこがもっとも違うところでした。

三人目の夫、作家のアーサー・ミラーは、マリリンのことを「想像できるかぎり最高に女らしい女」と言ったけれど、それは誰もが認めることでした。マリリン・モンローは「女」、フェミニティそのものでした。

ミスフィッツ

セックスシンボルとして不動の地位を獲得したマリリンは、同時に、人生に対して痛々しいほどの生真面目《きまじめ》さをもっていました。

自分自身がどんな人間であるのか、つねに内面を見つめ続け、社会の偏見や差別に心を痛め、人間だけではなく動植物の命にも繊細《せんさい》に反応し、世界の紛争についても真剣に向き合っていました。

自分さえよければそれでいい、という性質の人たちとは対極に位置する人でした。

鋭《するど》い感受性ゆえ社会に適応《フィット》できない「ミスフィッツ」として、生きにくいと嘆きながらも、それでもなんとか生き抜こうとしていました。

マリリンの人生にあらためて思うのは、年数の長さではないのだということ。何年生きたかではない、どのように生きたのか、何をなそうとしていたのかが、大切なのだということです。

美しき魂

そして彼女の人生を想うとき、いつも「美しき魂」を、私はそこに見ます。

マリリンは、「マリリン・モンローのような女」が好きではない人たちから、どんな悪口、軽蔑のまなざしを浴びせられようとも、もうどうしようもなく、その中心に、きらめく美しき魂をもっていた人で、私にとっては「セックスシンボル」であると同時に「美しき魂のシンボル」なのです。

女であることのすべてを使って生き、真摯《しんし》に自分自身を見つめ、劣等感を魅力に変容させたマリリンの魅力を、マリリンの言葉を通して伝えたくて、本書を書きました。

一冊を読み通したとき、彼女がどのような人生を生きたのかわかるような構成にしていますが、五つの章にわたって最終的にバランスをとったものの、最初の原稿では「仕事」が圧倒的に多くなっていたことが、「女優」マリリン・モンローの情熱を物語っているようで、あらためて胸うたれました。

読んでくださった方のなかに、マリリンの美しき魂のきらめきが残せたなら、とても嬉しいです。

CHAPTER I 美

私は女だから、
女であることが
何よりも
大切なの。

CHAPTER

II 劣等感

私は自分の乳房を
誇りに思うだけでなく、
自分の
しっかりした人格を
誇れるようになりたいわ。

CHAPTER

III 愛

私が
この世で何をおいても
求めているものは、
愛し愛されること。

CHAPTER

Ⅳ 仕事

愛？
人生で一番大切なものよ。
でも思うの。
仕事も愛のひとつだと。

CHAPTER

V 人生

私には未来がある。
女なら誰にでも
未来があるように、
私にもそれがあるのよ。

CHAPTER

I

美

私は女だから、
女であることが
何よりも大切なの。

性は自然の一部よ。
私は自然にしたがうわ。

FEMINITY

「最高に女らしい女」

「性」という語にはさまざまな意味があります。男女の性差を意味することもあるし、性的な行為を意味することもあり、マリリンのこの言葉はおそらくその両方を含んでいます。

とろりとクリームをかけた桃のような肌、豊かでやわらかそうな胸、ぽってりと濡れた唇、誘惑の腰つき、抗《あらが》いがたい瞳、ベッドルームアイズ……。

マリリンの三人目の夫である作家のアーサー・ミラーは、妻のことを「想像できるかぎり最高に女らしい女」と言いました。誰もが認めます。マリリン・モンローは「女」そのもの、フェミニティ（女性性）そのものでした。

「性」は自然なことなのだと考えて、それこそ、自然に性を受け入れていた彼女には、やわらかな存在感がありました。トレーニングで体を鍛《きた》えてはいたけれど、その存在には「力強さ」というものが、まったくなくて「世紀のセックスシンボル」でありながら、「拒絶される恐れのない存在」、「受け入れてくれる存在」として不可思議な魅力を醸《かも》し出していました。マリリン・モンローのこのイメージに多くの人が、自分も受け入れられるのではないかという幻想を抱き、惹《ひ》かれたのです。

十四歳のときから私は、女性を苛立《いらだ》たせる才能をもっていたの。

JEALOUSY

女に嫌われる女

少女時代は棒のように痩《や》せていた体が、十一歳ころから変わり始め、体にぴったりとしたセーターなどを着ると男性の視線が集まるようになりました。それは自分の未来に希望が見えた嬉しい事件でした。

父親を知らない子として生まれ、母親からも離れて育つという、愛情に飢えた年月のなかで、「誰か」から関心をもたれることを、ずっと切望していたからです。

だからより多くの人に注目されるように、たとえば、十四歳の夏、彼女は一枚しかないカラフルなブラウスをさまざまに着こなしました。教会に行くときにはブルーのスカートと合わせてシンプルに、男の子と自転車で遊びに行くときには、細身のパンツの外に出してカジュアルに、そして、ちょっとした集まりで目立ちたいときは、ウエストの上で結んで肌をのぞかせるのです。

そして肌を見せるとみんなの視線、男性からは賞賛の、女性からは嫉妬《しっと》の視線が注がれることを学びました。「パーティーで一晩中、誰も私に話しかけてくれなかったこともあったわ。男性は、妻や恋人を恐れて私に近寄ろうとせず、女性たちは部屋の隅《すみ》にかたまって、私の危険性について語り合っているの」。

マリリンは十代の半ばからすでに、自分の能力をたしかに感じていたのです。

大勢の人に
私を見つめさせて、
私の名前を
呼ばせることを夢見て、
自分を慰《なぐさ》めていたの。

CHARM

魅力の秘密

家族から与えられる「無条件の愛」、これを与えられない冷たい感覚のなかで、少女マリリンは、ひたすら空想の世界に遊びました。「白昼夢によって自分を元気づけたの」。

想像の世界では両親から溺愛《できあい》され、理想の男性から強く愛され、多くの人から注目と賞賛を浴びていました。

だから、のちにモデル・デビューしたとき、最初から彼女はカメラマンの理想のモデルでした。カメラの前で夢を現実にすべく全力で撮影に臨み、カメラの向こう側にいるはずの多くの人々に全身全霊で語りかけたのです。「私を愛して」と。

ソウルメイトとして交流を続けた詩人のノーマン・ロステンは、マリリンを「真の誘惑者（セダクトレス）」と呼びました。「彼女は男が自分を欲しがっている、と考えることを楽しんだ。熱烈に求められることで、自分は誰にも望まれていないという強い恐怖、父親を知らず母親もいないに等しいという心の傷を癒《いや》したのだ」。

映画監督のビリー・ワイルダーは言いました。「マリリンの魅力の秘密はきっと、すべての男たちに、俺にもチャンスがあるぞ、と思わせることだろう」。

パーティに行って一晩中、
誰も私に話しかけてくれなかった
こともあったわ。
男性は、妻や恋人を恐れて
私に近寄ろうとせず、
女性たちは部屋の隅にかたまって、
私の危険性について語り合っているの。

私は生まれて
六カ月のときから
こんなふうに
歩き続けているわ。

WALK

セクシーな歩き方

マリリン・モンローの必須アイテムのひとつに「モンロー・ウォーク」があります。

それについて問われるといつも、生後六カ月から、と答えて周囲を楽しませていましたが、実はこれはマリリンが考案した歩き方でした。

駆け出しのころ「セクシーなブロンドの役」という端役《はやく》を与えられ、セクシーな女性を作りあげるためにはどんなふうに歩いたらよいのかを研究。結果、ハイヒールの踵《かかと》を片方だけ一センチ弱短くすることを思いつきました。ヒップをくりくりとふって歩く「モンロー・ウォーク」の誕生です。

ちなみに、これが堪能《たんのう》できる映画は『ナイアガラ』。マリリン演じるヒロインは男を破滅させる美しき悪女であり、その悪女が恋人との待ち合わせ場所に向かって歩いて行くシーンのモンロー・ウォークは公開当時から話題となりました。

彼女は女優「マリリン・モンロー」を作りあげるために、さまざまな研究、努力を続けましたが、歩き方もそのひとつ。それまで誰もしたことがないような歩き方をしてみせて、それを完全に自分のものとし、世界中に「モンロー・ウォーク」を認知させた。これは彼女の並外れた才能を物語っています。

私の顔は自由自在に
どんなふうにもなるわ。
真っ白な紙の上に
思い通りの絵を描くみたいに。

LIPS

完璧な唇

マリリンにメイクを教えたのは、メイクアップアーティストのアラン・スナイダー。ふたりはマリリンが二十歳、女優になりたてのころに出逢い、マリリンが亡くなるまでの十六年間、男女のロマンスなしの友情関係が続きました。生前の約束通りマリリンに死化粧をしたのも彼です。

「彼女に自信がないことはすぐに見抜けた。人気があったのに自分を美人だとは思っていなかった。だから、彼女がもっている自然な美しさに気づかせ、それを映画でどう活かせばいいか、教えたんだ」

マリリンは、教えてもらった技術を自分のものにするまで、研究、練習を重ね、そして、自らの手で「マリリン・モンロー」のイメージを作り出しました。

マリリンといえば、キスマークが連想できるくらい唇が特徴的ですが、完璧なカーヴとシェードをつけるために、五、六種類の口紅を使い、セクシーだと納得するまで、濡れてぽってりとした「マリリン・モンローの唇」になるまで、妥協しませんでした。

また、丸い鼻を気にしていたからノーズ・シャドウにもたっぷり時間をかけました。

マリリンの素顔は、整っているけれど、あどけなくて、インパクトがある造形ではなく、そのことを誰よりも本人がよく知っていたのです。

私という道具の
お手入れをすること。
女として
体のすみずみまで（鍛錬《たんれん》）。

STUDY

自分の体を知る

この言葉は二十代の終わりのころのノートに、すべきことのひとつとしてメモされていたものです。（鍛錬）とあるのがいかにもマリリンらしく、通常は「体のお手入れ」を鍛錬とは言わないでしょう。

鍛錬、体を鍛えることにマリリンは駆け出しのころから熱心でしたが、参考にしたものがユニークで、それはルネッサンス時代の解剖《かいぼう》学者ヴェサリウスの書物。人体解剖図、とくに人間の「筋肉組織図」に強い興味を抱きました。

当時の彼女をよく知る人は言います。「彼女は大まじめに取り組んでいた。図解と、ほかのスターや自分の写真を比べて研究していた」。

人間の体、骨格や筋肉の仕組みからマリリンは始めたのです。まずは自分の体を知り、そのうえで、どんなふうに体を動かせばどこが鍛えられるのかを考え、どんな形がより魅力的に見えるのか、つまり、ポージングを研究したのです。

さらにヨガ、ウエイト・リフティング、毎朝のジョギングも始めました。現代ではどれも珍しくはないけれど、当時それらをやる人はまだまだ少なく、マリリンの稀《まれ》な才能が、ここにも表れています。

お願いだから
私をまだ
切り捨てないで。

SYMPATHY

守りたいと思わせる魅力

マリリンが女優として活躍し始めた二十六歳のとき、マイケル・チェーホフ（劇作家チェーホフの甥《おい》）が演技指導をしていましたが、あまりにも遅刻が多いため指導をやめると告げました。マリリンはすぐに手紙を書きました。

「お願いだから私をまだ切り捨てないで。ぎりぎりまで我慢しているのはわかっているわ（痛いほどに）。私はあなたの指導と友情がないとやっていけません」

一読して、彼は自分の「負け」を認めた、と言います。

マリリンがまだ十九歳のころ、モデル時代のカメラマンは言っています。

「彼女には人の同情を誘う不思議な力があった。業界の、魅力的なモデルに慣れている者でさえ、彼女の、助けてほしいの、というムードにはくらりときていた」

デビュー当時からの友人のひとりは言っています。「ほとんどの人が彼女の力になりたいと考えていた。その非力さこそ彼女の最大の力だった」。

マリリンの特異な才能のひとつに「人々の保護本能をかきたてること」があったということです。多くの人が、世界中のファンが、彼女を守りたい、自分ならば守れるのではないかという幻想を抱きながら彼女を見守ったのです。

服の下には
何もつけないことにしているの。
しめつけられない感じが好きなの。

UNDERWEAR

下着はいらない

二十六歳のころ、知り合いのコラムニストに与えた情報です。当時としてはちょっと考えられないことで、かなり話題となりました。当時のハリウッド女優はみな、グラマラスな肉体を強調するために、コルセットやガードルをつけていたからです。

下着をつけないという情報は、イメージ作りのための「戦略」でもあったのですが、嘘ではなく、実際のところ、マリリンは下着を嫌いました。

これはマリリンのもつフェミニティ、セクシーさの特徴でもあります。それはやわらかな魅力、抱きしめたときに硬い下着があるのではなく、底なしのやわらかさがあるという、そういう魅力です。

とは言っても、下着なしを可能にしたのは、生まれもった美しい体と、それをさらに美しくするための鍛錬があったからです。

年齢を重ねるにつれて、その美しさをキープするには、より鍛錬を必要としました。

それでも、とくにゴージャスなドレスの下には下着をつけないのがマリリン・モンロー。このイメージを守るために、彼女は努力を続けたのです。

シャネルの五番よ。

PERFUME

裸に「シャネルの五番」

「夜は何を着て眠りますか？」と問われて「シャネルの五番よ」と答え、この香水の存在を世界に印象づけ、シャネル社の香水の売りあげがぐんと伸びたという、これは有名なエピソードです。

服を「着る」も香水を「つける」も英語ではwearを使うので、ウィットに富んだ返答でした。

のちにこのときのことを振り返って言っています。

「人って面白いわね。質問しておいてこちらが正直に答えるとびっくりするのね。夜は何を着て眠りますか？　パジャマの上だけ？　下だけ？　それともネグリジェ？　って聞かれたから、シャネルの五番よ、って答えたの。本当なんだからしょうがないわ。裸という言葉を使いたくなかったこともあるけれど、事実は事実でしょ」

マリリンは眠るとき以外にも裸でいるのが好きでした。

「裸でいるときが一番ほっとするわ」と言い、寝室やバスルームやプールサイドを裸のまま歩き回ることもありました。彼女にとって裸でいるということは、もっとも自然な姿、くつろげたのです。

私は女だから、
女であることが
何よりも大切なの。

BODY

女優としてゆずれないこと

これは、マリリンの走り書きのメモのなかの一文です。このメモはマリリンのお腹に貼りつけられていました。二十六歳、虫垂炎《ちゅうすいえん》の手術を受けることになり、そのときに、執刀《しっとう》するドクター宛《あ》ての手紙をお腹に貼りつけて手術室に運ばれたのです。

「とても重要なことです。手術の前に必ず読んでください。
親愛なるお医者さまへ。切るのは最小限にお願いします。虚栄心《きょえいしん》が強いと思われるでしょうけれど、大事なことなのです。私は女だから、女であることが何よりも大切なのです。どうか（うまく言えないけど）できるだけ上手に切ってください。あなたにもお子さんがいらっしゃれば、このせつない願いをきっとわかってくださいますね。お願いします、きっと大丈夫ですよね！　マリリン・モンロー」

この入院のときに病院の看護師たちが聞こえよがしに言った「マリリンってほんとうに全身ブロンドなのかしら？」。これを聞いてからマリリンは全身のヘアをブリーチするようになりました。

それにしてもこのメモには、女優マリリン・モンローにとっていかに肉体が重要なのかという、悲壮なまでの意識があります。

ほんとうの魅力（グラマー）は
女らしさ（フェミニティ）に
よって生まれるものよ。

BEAUTY

男性があってこその美女

マリリンの三度目の結婚相手であるアーサー・ミラーは、マリリンの魅力について、さまざまに語っていますが、そのなかに「彼女は動物の雄《おす》からその本質を引き出す天然の磁石のような存在だ」という、マリリンの女性という性について強調している言葉があります。

また、衣装デザイナーのビリー・トラヴィアは言っています。

「あの目で見つめられると、男は自分が魅力的なのだと思えてくる。マリリンは男に、俺こそ彼女にとってすべてなんだ！　と思わせる才能をもっていた」

マリリンは、いつだって男性にとって「自分が男であるということを意識させる存在」でした。

女らしさ（フェミニティ）とは何か、と考えれば、さまざまな解釈があることでしょう。そのひとつ、無視できないものとして、やはり「男性」という存在があってこその「女性」という見方があります。光と闇のような、どちらか一方だけで存在することは不可能な関係性です。

良い悪い、好き嫌いとは別のところで、マリリンの「フェミニティ」は、男性があってこそのものでした。

感受性が豊かな人が好き。

SENSITIVE

詩が好き

「どんなタイプの男性と出逢いたいですか？」

という質問に、こんなふうに答えたことがあります。

「まず詩人であることね、でも実際に詩を書くなんて意味じゃないの。つまり感受性が豊かな人ってこと。感受性は男らしさと同じように大事なものだと思うの」

二十代の終わり、「新しい女」としてニューヨークで暮らし始めたころ、詩人のノーマン・ロステン夫妻と出逢っていて、この夫妻とは純粋な友人として亡くなるまでの七年間、親密につきあいました。彼らはマリリンの遺言に登場する数少ないカップルでもあります。

もともと詩が好きで、ロステンから受けた影響は大きく、やがて自作の詩を彼らに送るようになりました。そのうちのひとつ。

「いのち——あたしはあなたのふたつの方向に裂かれている。つよい風に揺れる蜘蛛《くも》の糸からぶら下がってやっとしがみついているのに」(中田耕治訳)

マリリンの脆《もろ》さ、儚《はかな》さが見えます。

ほら、このふたり、
なんて美しいのかしら。
男は女を
傷つけてはいるけれど、
彼女を愛したいと
思っているのよ。

PURE

ひたすら純粋な関係を

三十五歳のとき、マリリンは詩人のノーマン・ロステンとある画廊を訪れました。彼女の目はひとつの彫刻に釘づけになりました。それは七年前にロステンとニューヨークのメトロポリタン美術館で観たロダンのブロンズ作品の複製で、タイトルは『神の手』、情熱的に抱擁する男女をやわらかなカーヴを描いた手が包む形の彫刻です。

美術館ではじめてその作品を観たとき、マリリンは作品のまわりを何度もまわり、サングラスをはずして、目を大きく開いて見入っていました。

「なんて美しいのかしら……」というこの言葉は、画廊でその複製を見つけて購入したマリリンがロステンに言った言葉です。

マリリンの芸術作品に対する感性は鋭く、文学以外にも彫刻や絵画に、知識ではなく「美しいものに反応する」という態度で向き合いました。一緒にいる人は、マリリンの核心を突く言葉に、しばしば驚かされました。

三度目の結婚相手アーサー・ミラーもマリリンの感性を讃《たた》えています。

「人生に不信を抱いて当然の境遇だったのに、そんなところはみじんもなく、豊かな感性をもち続け、ひたすら純粋な関係を求めている、それが彼女なんです」

私たちはみんなセクシャルな
創造物として生まれてきたの。

SEXUAL

性へのリスペクト

数ある映画のなかでも格別に美しく、フェミニティが溢《あふ》れているのが、未完の映画『女房は生きていた』のマリリンで、そこには、まさに神々しいほどに「女性性」にみちた、ひとりの女性がいます。そのまなざし、まなざしの揺れ、膝の動き、腰をおろすときの肩、腕、ウエスト、つま先の動き……。女優だった十六年という年月のなかで、徹底的に自分自身の美意識に忠実に、自分だけの女らしさを作り続けた、マリリン・モンローというひとつの芸術作品が、そこにあります。

マリリンは、一九五〇年代を中心とした時代、ハリウッドという、女性を性的なモノとしてあつかうことが平気だった時代と場所において、女性であることを積極的に引き受け、セックスシンボルとなり、そのうえで、性へのリスペクトを強くうったえたのです。

性は生まれながらにして与えられたもの、自然な贈り物なのだから、それを軽くあつかったり、恥ずかしいものとしてはいけないのだと。もっと大切にすべきだと。セックスシンボルとして世界中の人々を熱狂させたマリリンだからこそ、その主張には、たしかな説得力があります。

美（ビューティー）と女らしさ（フェミニティ）は
年齢と関係がないものだし、

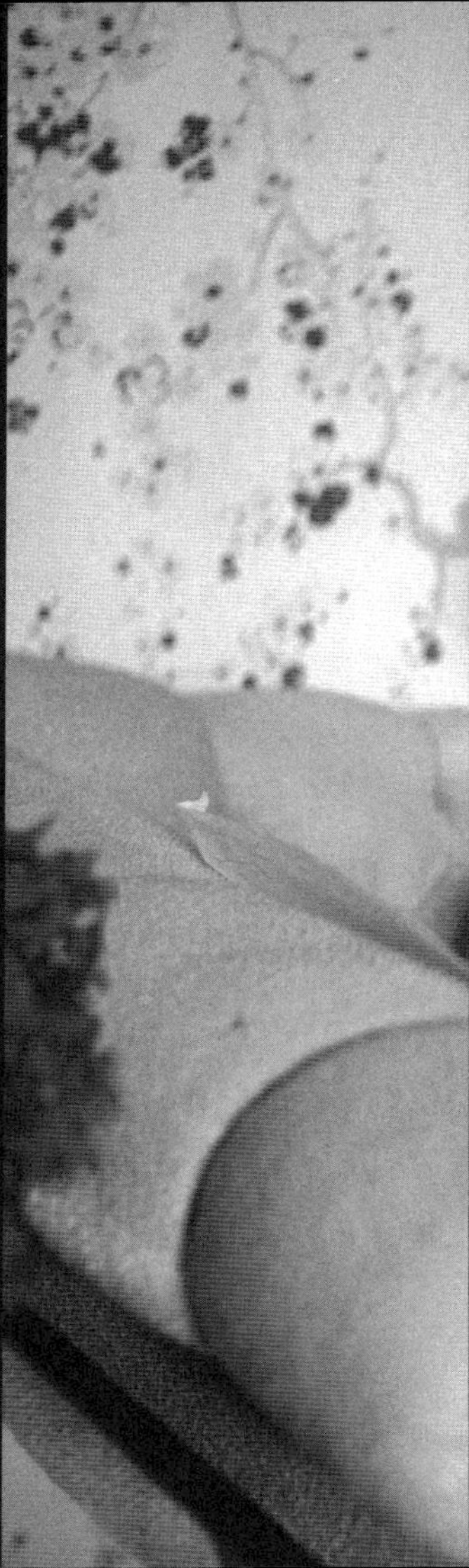

CHAPTER Ⅱ

劣等感

私は自分の乳房を
誇りに思うだけでなく、
自分のしっかりした人格を
誇れるようになりたいわ。

自分を変えたかった。
自分を豊かにしたかったの。

COMPLEX

教養への憧れ

マリリンは生涯にわたって、自分が教養に欠けた人間なのだという劣等感をもっていました。「高校中退」という学歴に対する強烈なコンプレックス、「教養」に対する憧れは、ほとんど熱病のように彼女の生涯を支配していました。

女優として駆け出しのころ、カリフォルニア大学ロサンジェルス校（ＵＣＬＡ）の夜間クラスで文学史とアメリカ史のコースをとったこともありました。

それまでも読書など、自分でできるだけのことをしていましたが、きちんとしたところで教わりたいという気持ちがあったのです。

女優として顔が知られ始めていて、ノーメイクでも目立ち、教室をのぞきに来る男子学生もいました。

クラスを教えた教師は、マリリンが慎《つつ》ましくて熱心な生徒だったこと、毎週火曜日の授業に十週間かかさず出席したことを覚えています。

劣等感と、それを克服するための努力。これはマリリン・モンローの生涯をつらぬくキーワードのひとつです。

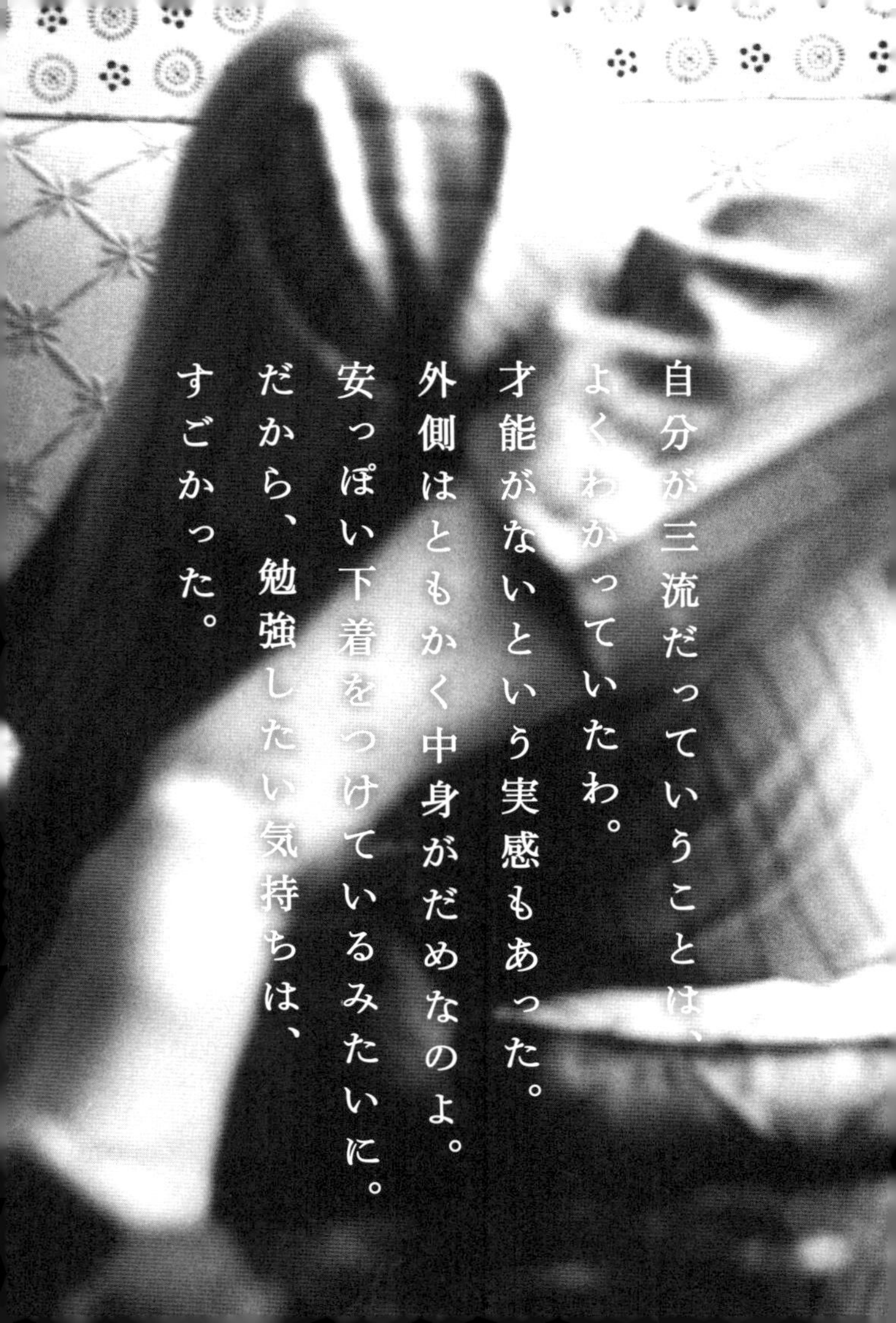

自分が三流だっていうことは、
よくわかっていたわ。
才能がないという実感もあった。
外側はともかく中身がだめなのよ。
安っぽい下着をつけているみたいに。
だから、勉強したい気持ちは、
すごかった。

私はお金には興味がないわ。
ただ素晴らしくなりたいの。

EFFORT

せつないまでの努力

これは、マリリンがさまざまな場面で、よく口にしていた言葉です。

マリリン・モンローという世紀のセックスシンボルが、どんな人であったのか、この短い言葉にぎゅっとつまっています。

彼女は実際、生涯を通じて物欲というものがあまりなく、金銭に対する執着もありませんでした。気前がよく、親しい人たちには、よくプレゼントをしていました。

もちろん、仕事は正当に評価されたいから、そのひとつの形としての出演料は、それ相当のものを受け取りたいと思っていたけれど、それ以上の欲はなく、宝飾品を所有することにも興味がなく、彼女のライフスタイルは、ほかの女優たちと比べると、かなり質素でした。

マリリンの興味は、まったく別のところにあって、なにより彼女は、女優として人々を感動させる魅力、演技力、表現力を身につけたかった。人間的に深みのある豊かな人になりたかった。そういうことへの願望が、強かったのです。

いつまでも「頭が弱いセクシーなブロンド」あつかいをされて、それでも諦めることなく、成長するために自分を叱咤激励《しったげきれい》し、ひたすらに努力を続けた人でした。

いつの日か
チャンスが訪れたときに
準備万端でいたいの。

CHANCE

唯一、欲しかったもの

当時の配役担当、マリリンの芸名を決めたベン・ライアンは言っています。「三時間演技の勉強をしてランチ、そのあとダンス、歌のレッスン、フェンシング、乗馬のレッスンも……。あるとき僕は聞いた。なぜそんなにがんばるの？」。

彼の質問に対する答えが、この言葉でした。

また、映画について学ぶためには、教養の基礎が必要だと知っていたけれど、自分にはそれがまったくない。だから観られる映画はなんでも観て、そこから何かしらを学ぼうとしました。

「撮影所で開かれる試写会には必ず行ったわ。そして、なぜある場面ではわくわくして面白いのに、別の場面はつまらないのか、と考えたりしたの。映画についてのことなら、とにかくなんでも知りたいと思っていたのよ」

「男もお金も愛もいらなかった。欲しかったのは演技力だけ」という言葉もこのころのもので、女優デビュー以前のマリリンを知る記者は言っています。

「何をもってしても、このマリリンを抑えることはできないだろうと思った。気迫、決意、欲求、あれはもう抑えようがないほどのものだった」

本屋さんに行って、
本をただ眺《なが》めているの。
何冊か手にとって
ぱらぱらっとめくって、
気に入ったところが見つかると
買うのよ。
それっておかしい？

BOOK 本が好き

二十三歳、人気が出始めたころ。撮影所でリルケの『若き詩人への手紙』をもっていたマリリンに、スタッフが「それは誰かに勧められたの？」と質問、そのときのマリリンの答えです。

マリリンの、自分には教養がないという劣等感は、かなり強いもので、けれどそこで終わるのではなく、教養の不足を補う努力を怠《おこた》りませんでした。

読書もそのひとつで、書店に行き、気になる本を手にとって、ぱらぱらっとめくって、面白そうだったら買うという、そういうやり方で自分が読む本を選んでいました。

リルケの名著も、そうして選んだ一冊ですが、のちのインタビューでこの本のことについてふれて「とても力づけられたわ。あれを読まなかったら、いつか頭がおかしくなっていたでしょうね」と言っています。

『若き詩人への手紙』には、芸術家として生きることについての深く豊かな洞察、孤独や愛についてのあたたかな言葉があります。それが響いたのでしょう。

マリリンと親しかった人たちのほとんどが、マリリンの向学心、読書好きを証言しています。

自尊心《セルフリスペクト》は私にとって最大の宝。
だってそれがなくては、
たとえどんなことをしたとしても、
結局、なんの意味もないもの。

上を目指している女性から
買いたかったの。

共感する日本人女性

マリリンは二十七歳のとき、ジョー・ディマジオと一緒に来日していました。これはディマジオの仕事とハネムーンを兼ねた旅でした。

この日本滞在中にマリリンはパールのネックレスを買っていますが、これはディマジオに買ってもらったのではなく、東京、日比谷のマトバ真珠宝石店で自分で買ったものです。「シンプルなデザインが好き」と選んだものでしたが、物欲がなく、宝石など宝飾品にはほとんど興味を示さなかったマリリンにしては珍しいことでした。

なぜ、ほかの店ではなくマトバで買ったのか、という質問にマリリンは答えました。上を目指している女性から買いたかったのだと。

マトバ真珠宝石店の店主、的場《まとば》テルは当時三十三歳。ミキモトに追いつけ追い越せと、必死でがんばっていました。自分と重ねて、がんばる女性を応援したかったのでしょう。

マリリンが何に美を見ていたのかということが表れているエピソードです。

とにかく、
自分らしくなれなかったら、
何になっても
しかたがないでしょう？

NEW

自分のなかの「新しい自分」

二十代の終わり、「セクシーなブロンド」としてのマリリン・モンローはすでに世界的大スターでした。そしてマリリンはその路線で成功すればするほど、周囲がセックスシンボルとしてのマリリン・モンローに熱中すればするほど、自己の内容の充実に力を注ぎました。「私はそれだけの人間じゃない」と生涯をかけて叫び続けていたのがマリリンという人でしたが、このときは、いまの自分は、ほんとうに自分が望むところの自分なのか？　自分のなかに未知の、まだ見つかっていない部分が、たくさんあるのではないか？　その答えを知りたくて行動を起こしました。

二十九歳、ハリウッドに背を向け、ニューヨークで「新しい女」として新しい生活を始めたのです。

思い切って環境を変えることで、彼女は自分自身を見つめ直し、自分の可能性を探りました。ニューヨーク・アクターズ・スタジオで本格的に演技を学んだこともそのひとつ。

彼女は当時けっしてメジャーではなかった「自己探求」を、本気で行おうとしていたのです。

私に必要なのは
本物になることだけ。

LIST

「本物」になるためのリスト

二十九歳、ニューヨークに行ったころの手帳には、「努力しなければ。以下を行う精神力をもたなければ」という言葉の下に「やることリスト」がずらりと並んでいます。

「レッスンに行く。いつでも私自身のため。間違いなく。できるだけたくさんストラスバーグのほかの個人指導も見学する。アクターズ・スタジオのレッスンを絶対に休まない。できる限り勉強する。レッスンの課題を。そしていつも演技のレッスンをする。クラーマンの講義をうける。舞台袖でストラスバーグの演出講義も。両方とも問い合わせる。

自分のまわりを観察する。いままでよりももっとそうする。観察。自分だけではなく他人も、すべてを。ものの価値を見つける。

私がひきずってきた、いま抱えている問題と恐怖症を解決するため、懸命に努力する。もっと、もっと、もっと、もっと、分析治療で努力する。

いつも必ず時間通りに行くこと。遅れてもいい理由なんか何もない。

できるなら大学の講義をひとつ受ける。文学。ダンスの先生を探す。運動（創造）」

マリリンは、ほんとうに勤勉な人でした。

見つめるということは
人をそれだけ寛容にするわ。
寛容さは
この世で一番大切なことの
ひとつですもの。

TOLERANCE

マリリンと公民権運動

マリリンは社会的良心というものを強くもっていました。それを支えていたのは知識や教養よりも、生来彼女の中心にあったナイーヴな感情だったのでしょう。それは寛容さ。あるいは、「まごころ」という素朴な言葉で言い表せるかもしれません。

こんなエピソードがあります。歌手のエラ・フィッツジェラルドが黒人であるために、ナイトクラブへの出演を拒否されたことがありました。それを知ったマリリンはクラブのオーナーに直接かけ合い、エラが出演中は毎晩、最前列のテーブルを予約すると約束して拒否を撤回させたのです。これはマリリンが公民権運動（黒人に白人と平等な諸権利を要求する運動）の支持者であることを印象づける出来事となりました。

まごころ。親身になって相手のことを考え、想う、あたたかな気持ち。現代においてはほとんど死語となっているけれど、マリリンにはこれがありました。

人種差別を受けている人たちに対するまなざし、「見つめる」ことが「寛容さ」につながるのだという指摘、そして「寛容さ」は「この世で一番大切なことのひとつ」なのだと言いきるマリリンには、やわらかで凛《りん》とした知性美があります。

私の劣等感は、
「人間にとって一番重要なのは
完璧であること」
という思いこみからきている。
それはわかっているけれど、
どうしても私、
完璧でありたいと思うの。

PERFECTION

どうしても「完璧」でありたい

マリリンは劣等感のかたまりでした。そして生涯にわたって、劣等感を克服しようと必死の努力を重ねました。

それでも、すべては「完璧でなくてはならない」という思いこみからきているのだと承知していました。

そのうえで、やはり、自分がこうありたい、と思う自分自身になるために、行動しないではいられなかった。

教養に対して、生い立ちに対して、演技に対して、強い劣等感を抱えこんで、いつか人々の尊敬を得たいと、涙ぐましい努力を続けたけれど、それでも最後まで、やはり劣等感のかたまりでした。

普通の人は劣等感と同量の優越感をもっているものですが、マリリンは優越感とは無縁でした。これもまたマリリンの特性のひとつであり独特の魅力に通じていました。

通常は「劣等感＝悪」とされるけれど、この劣等感がスターとなってからも彼女に優しい慈悲《じひ》の心を忘れさせずにいたのだとしたら、素晴らしい人間になるための努力を続けさせたのだとしたら、劣等感をもつことは、けっして悪ではなく、むしろ美に通ずると言えるのではないでしょうか。

CHAPTER Ⅲ

愛

私がこの世で何をおいても
求めているものは、
愛し愛されること。

私はこれまでの人生でずっと
「私は愛されない人間なんだ」
と思ってきたの。
でも私の人生にはそれよりも
ずっと悪いことがあったと、
はじめて気がついたの。
私自身、心から人を
愛そうとしなかったのよ。

LOVE

はじめての恋

マリリンがはじめて激しい恋をしたのは、二十二歳のとき。十六歳で結婚、二十歳で離婚を経験していますが、その結婚は周囲からの勧めによるもので、恋愛と呼ぶには淡すぎました。

はじめての恋の相手は音楽ディレクターのフレッド・カーガー。映画『地上《ここ》より永遠《とわ》に』の作曲で今日知られている音楽家で、マリリンより十歳年上、離婚して子どもがひとりいました。

ふたりは強く惹《ひ》かれ合い、マリリンの想いは、いままで自分は心から人を愛そうとしていなかったのだと気づくほどのものでしたが、関係は長くは続きませんでした。

マリリンは彼との結婚を望んだけれど、彼は違ったからです。その理由は、「子どもが君のような女に育てられたら大変だから」。マリリンは激しく傷つきます。「男の人は自分が蔑《さげす》んでいる女を愛することはできないのよ」。

一年にも満たない関係だったけれど、マリリンの存在は強烈に彼のなかに刻印されました。そして、別離からおよそ十三年後にマリリンが、その十七年後にカーガーが亡くなりますが、奇しくもその日は八月五日という、同じ日でした。

お願い、
私を愛したりしないで。
教えてくれるだけでいいの。

LEAD

「愛して。でも愛さないで！」

女優になりたてのころのマリリンに強い影響を与えた人に、ナターシャ・ライテスがいます。

マリリンの演技コーチとして七年にわたって親密な関係にありました。彼女は同性愛者であり、マリリンを愛しましたが、マリリンは違いました。だから何度かナターシャに言ったのです。「お願い、私を愛したりしないで。教えてくれるだけでいいの」と。

父親を知らない子として生まれ、母親もいないに等しく、里親の家で育てられ、いつでも「見捨てられた子ども」の心をもっていたマリリンは、愛されることを切望し、胸の奥に「私を愛して！」という想いを強く抱いていました。けれどその一方で、「愛したりしないで」もまた、あったのです。

マリリンが純粋に演技力や教養を求めたとしても、相手は違って、愛、あるいは情事を求める。そういう状況もかなり多い人生で、マリリンは胸のうちで何度も何度も「教えてくれるだけでいいの」とつぶやいていたのです。

愛があれば
どんな性《セックス》だって
間違ってなんか
ないのよ。

LIBERAL

同性愛への優しいまなざし

マリリンが生きていた時代は、現代よりも同性愛に対する偏見が強く、彼らにとっては、ひじょうに生きにくい時代でした。

マリリン自身は同性愛者ではなかったけれど、同性愛者の友人も多く、彼らを冷視する人々に対して憤慨《ふんがい》していました。

「レッテルよ、みんなレッテルを貼りたくてしかたないの。そうしておけば自分たちは安全だから」

そしてきっぱりと、愛があれば間違いなんてないという言葉を言い切ったのです。

彼女にはマイノリティの人たちに対する共感と愛情が最初からありました。

このときマリリンは二十代前半。かたっぱしから本を読み始めてはいたものの、まだまだ「教養がある人」ではなかったかもしれない。

けれどたしかに彼女は、知性の絶対条件、「社会が決めた善悪から自由でいる精神」を、もっていたのです。

大好きよ。
でも愛していないの。
だから結婚なんて
フェアじゃないわ。

MARRY

大好きだけど結婚は「ノー」

二十三歳のときに、マリリンはジョニー・ハイドと出逢いました。

彼はハリウッドで絶大な影響力をもつエージェントで、当時五十三歳、小柄で、見た目はハンサムとは言えなかったけれど、莫大《ばくだい》な資産家で妻子もある、人生の成功を絵に描いたような人物。ただし、心臓に欠陥があり余命一年半でした。

彼はマリリンに夢中になり余生を捧げました。マリリンは彼に逢ったとき、恋人と別れたばかり、女優としての未来も見えず、生活は極貧、最悪の状況でした。

ハイドはマリリンをスターにすべく、各方面に働きかけ、そして三十年におよぶ結婚生活を解消し、マリリンにプロポーズ。自分の死後のことを考え、マリリンに財産を譲ろうとしたのです。

けれどマリリンの答えは「ノー」。大好きだけど、それは愛とは違う、という理由からでした。

マリリンにとって彼は、なんでも話せて一緒にいると安らげる、とても大切な存在でした。彼女は自分を保護してくれる大きな愛に包まれて幸せでした。

けれど、それは家族愛のようなもので、男性に対する愛ではなかったのです。

私が結婚するのは
たったひとつの理由からよ。
それは、愛。

RIDE

結婚しない理由

マリリンに夢中だったジョニー・ハイドは、死が近いことを予感して、「愛していなくてもいい。あなたに財産を残したいから書類上だけでも結婚してくれ」と言いました。けれどマリリンには、それができませんでした。

瀕死の財産家の男と結婚などしたら、周囲から何を言われるかわからない。そんなことも考えたでしょう。けれどそれ以上に重要なことがありました。

「彼との結婚で、あなたはいったい何を失うというの？」と尋ねた友人にマリリンは「私自身」と答え、愛がなくては結婚などしないと言ったのです。

財産のために結婚したら「私自身を失う」という自尊心がここにあります。どんなに慕っていても恋愛感情のない相手と結婚などできない。

だからこそハイドはマリリンを死ぬほどに愛したのかもしれません。彼の周囲に群がっていた女たちとマリリンは決定的に違っていました。

ハイドの葬儀、参列者が立ち去った一時間後、マリリンはそっと柩《ひつぎ》に歩み寄り、柩を覆《おお》っている花から白薔薇《ばら》を引き抜き、それを押し花にして聖書の間にはさんで何年もとっておきました。

男の人ってワインに似ているわ。
寝かせれば寝かせるほど
コクが出てくるの。

HAPPY

幸福な結婚とは

マリリンが二度目の結婚相手ジョー・ディマジオと出逢ったのは二十六歳の年。

ディマジオは三十八歳、ひとまわり年上だったから、その魅力をワインにたとえたのでしょう。次の結婚相手であるアーサー・ミラーも十一歳年上。マリリンは年上の男性が好きだったようです。

ディマジオは、元ニューヨーク・ヤンキースの大打者でアメリカのヒーロー。離婚経験があり、ひとり息子がいました。三十七歳で現役を引退、マリリンに逢ったのはその翌年でした。

彼は出逢いを運命的なものだと感じ、結婚を望み、ふたりは二年後に結婚。けれど結婚生活は九カ月で終わります。

マリリンはこの結婚について、のちに次のように語っています。

「彼の一族は移民で、子どものころは大変な苦労をしたみたい。だから私のなかに理解できるものを見つけたのね。私も彼のなかに理解できるものを見つけた。私たちの結婚はそのうえに成り立っていたの。でも理解できるものだけでは、何か足りないのね。幸福な結婚にはならなかった。九カ月でおしまいになってしまったのだから」

人間の性格って、
どうしようもないところが
あるみたい。
結婚って、結婚してみてはじめて、
だんだんわかってくるものなのね。

COMMON

共通点のないふたりの未来

マリリンは知的欲求を満たすために本をたくさん読みましたが、ディマジオは時間があればテレビ。野球中継やボクシングの試合、映画といえば西部劇。

ふたりのすれ違いを語るこんなエピソードがあります。ディマジオの誕生日、マリリンはプレゼントとともに「言葉」を贈りました。「真実の愛は、眼ではなく心で見るものです。なぜなら眼は騙されることがあるからです」。

これは『星の王子さま』の有名なワンフレーズ。ディマジオはしばらくそれを眺めていましたが、やがて顔をあげて言いました。「どういう意味なんだ?」。

すれ違いは感性の問題だけではなく、たとえば、ディマジオは神経質なくらいきれい好きだけどマリリンは違って、たとえば帰ってくるなり、ハンドバッグ、ブラウス、スカート、ストッキング、ブラジャーなどを投げ出しながら歩きました。脱ぎ捨てられたものをたどって行けばそこにマリリンがいる、といったかんじ。ディマジオはマリリンを躾《しつ》けようとしましたが、無理でした。

マリリンは友人に言っています。「私たちってあまり共通点がないの」。

私の考えでは、男と女は
ひとつの寝室を使うべきだと思うの。
人は眠っていて意識のないときだって、
人のぬくもりがほしいものだから。

HEINRICH HEINE

彼は
女優としての私が
嫌いだったの。

JEALOUSY

男の嫉妬

ディマジオは嫉妬深いことでも有名で、スタッフから共演俳優、ファンにまで手当たり次第に嫉妬しました。マリリンは閉口して言いました。「ときどき嫉妬をしない結婚生活なんてひどく味気ないわ。でも、嫉妬はステーキにかける塩のようなもの。ほんのちょっと必要なだけ」。

また彼は妻がセックスシンボルであることが我慢できませんでした。

離婚の直接の引き金になったのは、映画『七年目の浮気』の有名なシーンの撮影。地下鉄の換気孔からの風が白いドレスの裾《すそ》を、下着が見えるほどにひるがえし、マリリンはそれを手で押さえてポーズをとり、群衆の歓声のなかで輝いていました。ディマジオはこれに激怒、ふたりは大喧嘩をし、ひと月後に離婚会見となったのです。

マリリンのような女優にとっては、多くの人に見られ、彼らを虜《とりこ》にし、セクシーな夢を見させることが「仕事」となります。それが職業です。

「彼は私の映画も私の服もすべて嫌いだったの。私と結婚するとき、いったい誰と結婚するつもりだったのかしら?」とマリリンは言いますが、ディマジオもわかってはいたのでしょう。けれどどうしても女優としてのマリリンを応援することができなかった。妻の職業を愛せなかった。ここに悲劇がありました。

彼は私の人生を別のものに、
いいものにしようとしていたの。

REUNION

運命の再会

二十九歳、マリリンはアーサー・ミラーに出逢いました。五年前からの知り合いだから、正確に言えば再会し、たがいの結婚が破綻《はたん》していたこともあり、ふたりは強く惹《ひ》かれ合ったのです。

アーサー・ミラーは『セールスマンの死』でピュリッツァー賞を受賞した高名な作家。マリリンが求めてやまない「教養、知性、人々からの尊敬」をもった男性でした。

そして十一歳年上ということもあり、これまた求めてやまない「父性」をもち合わせていたのです。マリリンはミラーに憧れ、夢中になりました。

出逢ったころミラーがマリリンに送った手紙のなかにこんな文章があります。

「あなたは人々が求めるイメージで人々を魅了しているようですが、このゲームで傷つくことがないように、またそのイメージのまま終わることがないように」

ミラーはマリリンの内部にある真剣な魂を見抜いた人でした。

「彼は私が自分自身でいることの大切さを教えてくれたわ。これまでの私は自分のことがはっきりつかめなかったけれど、これからは彼がいるから大丈夫」

自分が正しいと思ったことなら、
やってみたらいいと思うわ。
私なんかにどうして
モラルの原則を定められて？

AFFAIR

自分に従う

ある記者からの質問に答えたときの言葉です。

「ある女性が、結婚している男性を奪い取ろうとしたら、あなたはそれを正しいと思いますか？　そういうことをしてもいいと思いますか？」

アーサー・ミラーとの関係を探ろうという質問でした。ミラーの結婚は破綻していたとはいえ、離婚が成立していなかったので、質問の狙いはマリリンを裁くことにありました。

マリリンのことをセクシーなだけの女優として見る人は相変わらず多く、無遠慮だったり、見下していたり、小馬鹿にしていたり、そういう質問は少なくありませんでした。

けれどマリリンは落ち着いたもので、彼女のこういった質問に対する受け答えは、たいてい少しとぼけたような、さらりとしたかんじで、短く、しかもウィットに富んでいて、彼女の生来の頭の良さがうかがえます。

この、自分を裁こうとする愚問にも、マリリンは真正面から自らの信条をもって軽やかに応じました。

世間とか周囲の目に従うのではなく、自分に従うという信条です。

愛とは信頼。
人を愛するときは
完全に信じることよ。

BETRAYAL

裏切られ、傷つけられても

「あなたにとって愛とは?」という質問に対する答えです。

これは結婚の一年前くらいのことですが、最初のころ、マリリンはアーサー・ミラーを心から信頼していました。

そして彼からの愛に包まれて、結婚のためミラー家に合わせてユダヤ教に改宗。ミラー家の人たちに気に入ってもらうために、そしてミラーのために、ユダヤ人の生活習慣に慣れようと努力します。

友人の詩人ノーマン・ロステンは言っています。

「彼女は、愛を、人間界にかくされている奇跡だと感じていました」

マリリンは何度裏切られたと感じても何度裏切られたと言われても、いつでも愛を信じたいと思い続け、愛に期待し続けました。

生まれながらにしてもっている愛情量というものがあるのだとしたら、マリリンは愛情量が相対的に多い人でした。「傷つきやすいのだからもっと違う生き方をすべきだ」と周囲から言われても、それでもマリリンは奇跡を、愛を、信じ続けました。信じない不幸より信じる不幸を選んだとも言えます。

そのとき彼が
とても感受性の強い人で、
私のことも感受性が強いと
思っていることがわかったの。
うまく言えないけど、
これはなにより大切なこと。

ARRIAGE

「美」と「知」の結婚

アーサー・ミラーとの出逢いのころのエピソード。それはマリリンにとって「忘れられないこと」でした。ミラーがマリリンに舞台に出るよう勧めたことに周囲は大笑い。「舞台女優＝本格女優」ということだから、マリリンが舞台女優だなんて冗談だと思ったのです。けれどミラーは「いや、これは真面目な話だ」と言い、そのときの口ぶりからマリリンは「大切なこと」を感じとったというのです。

「美（ビューティー）と知（ブレイン）の結婚」と言われたふたりの結婚。結婚式は二十五人の招待客の祝福のなか和やかに行われ、ミラーは「AからMに　一九五六年六月　いまこそ永遠なれ」と刻まれた純金のバンドをプレゼント。マリリンは結婚式の写真の裏に、「HOPE! HOPE! HOPE!」と書きました。

「結婚してはじめて自分が保護されているという感じがするわ。すさんだ気分にならないの」

ロンドンで映画『王子と踊り子』の撮影をこなした後はふたりきりの生活を望み、夏はコネチカット州のミラーの別荘で、冬はニューヨークのマリリンのマンションで過ごし、二年半マリリンは映画から離れて安定していました。

私はとても極端な性格で、
愛情面ではとくにそうで、
誰かを好きになると、
頭のなかはその人のことだけ、
ほかのことは
考えられなくなってしまうの。

ISAPPOINTMENT

夫への失望と、新しい男

三十三歳の秋、マリリンはイヴ・モンタンに出逢いました。このフランスのスターと映画『恋をしましょう』で共演、現実でも恋をすることになります。

時が経つにつれ、ミラーとの結婚はうまくいかなくなっていました。ミラーはマリリンのことをわがままで情緒不安定なうとましい女だと思うようになり、マリリンはそんな夫に失望していたのです。

そんななか、モンタンとの恋はマリリンにとって必要なものでした。映画撮影中は、「彼しかいないわ」とまで言っていましたが、夢中になっている自分と、一方では冷静な自分もいました。映画が終わればこの恋も終わる、とわかっていたのです。そして、その通りになりました。

けれど、つかの間ではあっても、マリリンはモンタンに救われていました。

マリリンは、いつだって、ぬくもり、愛の言葉、優しい抱擁、熱いまなざしが必要な、自由でいることを欲しながらもひとりではいられない人でした。

私、何かにしっかり
しがみついていたいの。

MISTAKE

愛を諦めない女性

友人の詩人ノーマン・ロステンへの手紙に、マリリンが書いた言葉です。

アーサー・ミラーと結婚後、子宮外妊娠に続いて流産。絶望のマリリンをアーサー・ミラーも受け止めきれず、そんな彼に失望したマリリンの気持ちもしだいに離れ、結婚生活が破局に向かっていた、そのころの言葉です。この言葉もまた、マリリンという人をよく表していると思います。

しっかりしがみついていられるものを欲し、それを「今度こそ見つけた」と思っても、「また違っていた」ということの繰り返しのなかで、人はある種の「諦め」を「学習」してゆくものなのでしょう。けれどマリリンは違いました。一途《いちず》に、「きっとそれはあるはず」と求め続けました。

ここにマリリンの純粋さ、ひたむきな姿があり、だからマリリンの場合、多くの男性と関係をもったとしても、どうしても汚《けが》れた感じにならないのでしょう。

せめてあなたを
幸せにすることができるなら、
私はこの世でもっとも偉大で、
もっとも困難なこと、
つまり人を完全に幸せにするってことを
なしとげられるでしょう。
あなたの幸福は私の幸福だから。

SECRET

最後に「愛した人」

マリリンの家のテーブルの上にあった「愛《いと》しいジョー」から始まる手紙の書き出し部分です。続きを書くことなくマリリンは亡くなりました。離婚してからもジョー・ディマジオとの関係は切れず、とくに最後の一年間、彼との再婚の計画もあったくらい親密でした。

十年近い歳月のなかで、ディマジオはいつしかマリリンを大きく包みこむ存在になっていました。人は変われるということでしょう。

マリリンの葬儀をとりしきったのも、マリリンの墓に薔薇《ばら》の花を供《そな》えるようにしたのもディマジオでした。花、これは八年前の結婚式のときのことを彼が覚えていたからです。

手にもった蘭《らん》の花がしおれてしまったのを悲しく見つめながらマリリンが「もし私が先に死んだら、毎週お墓にお花を供えてくれる？」と言い、ディマジオはきっとそうする、と約束したのでした。

三人の「夫」のなかでマリリンとのことを語らなかったのは彼だけでした。ある女性誌が五万ドル払うから話してほしいと言ってきたときにも、「マリリンとの愛の思い出は金にかえられない」と迷うことなく断りました。

愛すること、
それはあなたを
殺しかねない支配力を
相手に与えること。

HURT

愛を失っても、また愛する

これは、マリリンが手帳の余白に書き残した言葉です。そのページには精神分析医フロイトの言葉が書き写されていました。

「われわれは愛し合っているときほど、苦悩に対する防備がおろそかになることはない。われわれは愛する対象や愛を失ったときほど、不幸なことはない」

マリリンは、愛されることばかりを求めて愛することをしなかった、と言う人がいます。けれど、愛することを知らない人に「愛すること、それはあなたを殺しかねない支配力を与えること」なんて言葉は書けないでしょう。

たとえばこんな言葉もあります。「私はもっとも素晴らしい男性ふたりにめぐり逢って、結婚したの」。ジョー・ディマジオとは九カ月で、アーサー・ミラーとは四年半で離婚していますが、振り返って、こんなふうに言えるのがマリリンでした。

結婚相手だけではありません。恋愛の相手、情事の相手、すべてに対して「私は誰も恨んではいないわ」と言っています。悪口を言わないのがマリリンの美徳でもありますが、たしかにマリリンは愛の人でした。どんなに傷ついても、愛することを諦めず、そんな自分自身を、絶望のなかで、引き受けていたように思えます。

CHAPTER IV

仕事

愛？
人生で一番大切なものよ。
でも思うの。
仕事も愛のひとつだと。

はじめてブロンドにしたときは、
なかなか私自身に
慣れることができなかった。

CHANGE

成功するための変化

髪をブロンドにしたのは、モデルとして仕事を始めてすぐのころです。モデル・デビューは十八歳。世の中は第二次世界大戦のさなかでした。

ある日、マリリンが働く飛行機の塗装をする工場に、ハリウッドの陸軍報道部のカメラマンが訪れました。「兵士たちの士気高揚のために、軍需工場で働く綺麗《きれい》な女の子の写真を撮る」ためです。このカメラマンは、すぐにマリリンに目をつけました。豊かな胸。透き通るような白い肌。いいえ、それ以上に「彼女のまなざしには、ゾクゾクするような魅力があった」と、彼は言います。

勧められるままにモデル・エージェントと契約、ここで「成功するつもりならブロンドにしなくちゃだめよ」と言われます。

マリリンの髪は茶色に近いダーク・ブロンドでした。抵抗はあったけれど、明るいブロンドにして大正解。「セクシーな写真の仕事がぐんと増えたの」。

以後、亡くなるまでマリリンは、微妙に色の変化はあるもののブロンドで通します。最後はプラチナ・ブロンド、白に近い、スモーキーに輝く色でした。

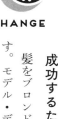

たとえワンシーンであっても、
それがただ、イエス、
と言うだけであっても、
お客さんは当然、彼らが払った金額に
見合うものを得るべきよ。
私は最高のものを
彼らに与えなければならない。
それが私の義務だと思うの。

HONESTY

女優としての覚悟

これは女優として有名になってからの言葉ですが、最初からマリリンには、仕事に対して生半可《なまはんか》なことではない気概《きがい》がありました。

「工場でも仕事を完璧にすることにかけては、誇りをもっていたわ」

映画の仕事についてはなおさらで、マリリンは完璧主義者でした。それを形作ったものに、自分自身の体験があります。

「戦時中、工場で働いていたとき、土曜の夜になると映画を観に出かけた。そのときだけよ、心から楽しめて、くつろぐことができて、笑って、自分自身に戻ることができたのは。だから、ひどい映画にあたったときはがっかりだったわ。まる一週間ずっと映画を楽しみにして、入場料を稼ぐために懸命に仕事をしているわけなのに、俳優がいいかげんに演技していたり、だらしなかったりする、そんなときは映画館をあとにしながら無性に腹が立ったものよ。だって残り少ないお金であと一週間生活しなくちゃならないんだもの。だから私はいつも、一生懸命働いて映画のチケットを自分のお金で買って、楽しいひとときを過ごそうという人たちのために、演じてきたの。そういう人たちに観てもらうためにね」

私の何よりの願いは
ベストを尽くすこと。
自分の最良のものを
出しきることなの。
その時間は完璧でありたい。

LESSON

魅《み》せる技術

マリリンほど自分に厳しいモデルはいなかったと、多くの人が証言しています。ネガ、プリントすべてを自分でチェックし、どんな小さな問題も見逃さず、その問題を前に考えこむ。「これはひどいわ、私、だめだわ、どこで間違えたのかしら……」。

完璧でなければ満足しなかったのです。そして、自己評価の厳しい人だったから、満足することはとても少なく、さらなる向上のための勉強が必要となりました。カメラそのものや照明やフィルムにいたるまで、納得するまでスタッフを質問攻めにし、その熱意、ひたむきさに多くのカメラマンが胸うたれ、なんとか力になろうとしたのです。

また自分を、より魅力的に見せるための研究、努力も並ではありませんでした。その結果、獲得したものに「微笑」があります。モデル・エージェントの女性から、鼻と唇の距離がないことを指摘され、魅力的に見せるために、上唇を下に伸ばす感じで笑ってみたらどう？ と提案されたのです。

マリリンは鏡の前で練習を重ね、そして、上唇がわずかにふるえる、ぎこちない、守りたくなるあの微笑、トレードマークとなったあの微笑を作り出したのです。

そのとき私は自分が
女優になりたいことを
はっきりと知ったの。

ACTRESS

不本意な結婚

モデルとして成功することで、マリリンはさらなる夢を描き始めました。それは、とても困難に違いないけれど、芸能の世界を知った彼女にとって、不可能な夢ではありませんでした。

マリリンは女優を夢見ました。なぜなら、女優になれば、いまよりも、さらに多くの人から注目され、愛されると思ったからです。

女優になるために、まずしなければならないことは離婚でした。夫のいる新人女優など誰も求めないからです。

マリリンは十六歳のときに近所に住む青年と結婚していました。これは行き場所のない彼女に周囲がお膳立てした結婚で、情熱的に結ばれたものではありませんでした。弁護士を通じて夫に離婚したいことを告げると、相手は驚き、なんとか結婚を続けたいと言ってきました。相手の抵抗でマリリンは自分の気持ちに気づきました。どうしても女優になりたいのだと。

何かの障害にぶつかることで、見えてくる自分の決意というものがあります。このときのマリリンがそうでした。

マリリンの決意が固いことに相手は折れ、離婚が成立しました。

ハリウッドの星空を
眺めながらよく思ったわ。
私と同じように映画スターを夢見て、
こうやってひとりぼっちで座っている子が
たくさんいるんだわ、って。
でもその子たちのことを、
かわいそうだなんて思わなかった。
だって、一番大変なことを
夢見ているのは、私なんだもの。

HOLLYWOOD

胸元が大きく開いたドレスの意味

女優になる前のマリリンは、夜ひとりであてもなくハリウッドに出かけ、車の運転席に身をもたせて、女優を夢見ていました。

自分の夢を実現させることの困難を、誰よりも承知していて、だから、つねに自分を励ましていたのです。

遠慮している場合ではありません。とにかく競争に勝たなくては。

「ほかの女の人たちには申し訳なかったけれど、自分の夢を実現するまでの道のりは長くて、そこにたどり着くために、たくさんアピールする必要があったの」

出かけるときには体にぴったりとした、胸元が大きく開いたドレスを着て、カメラのフラッシュのなかセクシーな表情でポーズをとりました。

女たちの嫉妬をどんなに浴びても、マリリンは自分のやり方を変えようとはしませんでした。有名になるには、とにかくセクシーな女優としての存在を印象づけることが必要なのだと知っていたからです。

そうね。
マリリン・モンローに
なった気がするわ。

マリリン・モンローの誕生

ハリウッドの映画会社「二十世紀フォックス」のスクリーン・テストを受けた結果、契約が成立。配役担当者ベン・ライアンと芸名についての話し合いが行われました。

当時の本名はノーマ・ジーン・ドハティ。ドハティは結婚相手の苗字で、けれどじきに離婚するし響きもよくない。好きな苗字を聞かれて彼女は言いました。「モンロー！　母の旧姓なの」。「同じ名の大統領がいたくらい親しまれているし、いいね」とライアンは賛成。次にファースト・ネーム。これが決まらず、彼女は生い立ちを話し始めました。父親を知らないことや、里親たちの暴君ぶりなどを。するとライアンは、突然言いました。「きみはマリリンだ！　昔、マリリン・ミラーという魅力的な女優がいたけど、生い立ちも雰囲気も彼女にそっくりだ！　マリリン・モンロー！　Mがふたつ。いいね！」。

最初はなじめなかった彼女も、口のなかでこの名を繰り返すうちに受け入れ始め、「これでいいね？」とライアンに最終的に尋ねられたとき、微笑んで答えたのです。「そうね、マリリン・モンローになった気がするわ」。世紀の大スター「マリリン・モンロー」誕生の瞬間でした。

「もしハリウッドのしかるべき人たちの
五十パーセントが、あなたは才能がないから
やめたほうがいいと言ったら、
あなたはどうする？」
って聞かれたことがあるの。
私の答えはそのときもいまも変わらず、
「もし百パーセントが
私にそう言ったとしたら、
その百パーセント全部が間違っているわ」

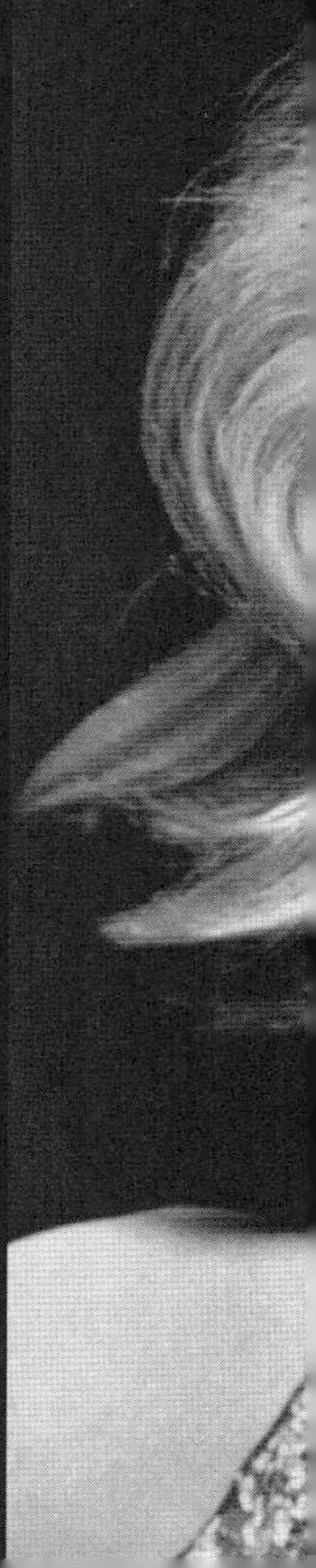

簡単なことなんて
ひとつもない。
でも続けなくちゃ。

CONTINUE

自分を批判する目

端役としていくつかの映画に出演したのち、初の準主役は『ノックは無用』。二十六歳のときでした。

女優となって六年。努力が実り、演技力が評価され、多くの賛辞が寄せられました。

けれどマリリンはとまどいました。彼女からすれば、まだまだ納得のいかない演技だったのです。

信頼を寄せていた記者から祝福されたとき、マリリンは彼に、ありがとう、と微笑み、それから言いました。

「でも、まだまだなの。私は自分を見つけようとしているの。いい女優と、そしていい人間になるために。私、自分が強いところをもっていると感じることもあるけど、その強い部分って、意識して引っ張り出さないと出てこないものなの。それは簡単なことじゃないわ。簡単なことなんてひとつもない。でも続けなくちゃ」

多くの人がマリリンの批判精神、自己分析力を指摘していますが、その一端がここに表れています。

私、
嘘はつきたくなかったの。
何も悪いことなんて
していないもの。

NUDE

正直さがもたらすもの

二十六歳、端役ではあってもマリリンが出演した映画にはファンレターが殺到、一流雑誌「ルック」の表紙も飾り、人気は高まる一方でした。

そんなころ、マリリンがヌードカレンダーのモデルになったという噂がハリウッドに広まりました。当時は女優がヌードになるなんて考えられないこと。スキャンダルを恐れた会社側はマリリンにこれを否定するように言いました。ところがマリリンは従わず、新聞にマリリンの「告白」が掲載されました。

そこでマリリンはヌードになった理由は「飢えていたから」と言い切り、「会社は認めるなと言ったけれど自分の考えと違う」と明言したのです。

この「事件」はマリリンが計算して仕組んだと言う人もいますが、どちらにしても結果的にマリリンの「悪くないと思うなら、それを恥じることはなく、ましてや嘘をつく必要などない」という姿勢、この潔《いさぎよ》さと正直さは人々の大きな共感を得ました。

ヌードカレンダー事件でマリリンは世間の注目を集め、独特の存在感を作りあげました。その証拠に事件からまもなく、マリリンの写真が権威ある雑誌「ライフ」の表紙を飾りました。

ファンは魅力的な私を
期待しているんですもの。
がっかりさせるわけには
いかないわ。

CREATIVE

クリエイティヴな撮影

ファンを失望させたくない、とマリリンは強く意識していました。なかでもスティール写真撮影時のマリリンはカメラの向こう側にいる多くのファンのために全力で臨みました。

セクシーな写真を撮ろうというときは近くにいる親しいスタッフに低い声で囁《ささや》きました。「何かセクシーなことを言って」。彼らがそれに応じると、シャッター音が鳴り響くなか、レンズに挑みました。自分の役割、存在理由を正確につかんでいて、それを最大限に発揮しようとしたのです。

映画監督のなかにはマリリンの身勝手なふるまいに怒った人も多かったけれど、写真家はたいていマリリンを尊敬していました。

「彼女はカメラの前にいるときのほうが、カメラから離れているときよりもくつろいでいた。彼女は徹底的に創造的だった」（リチャード・アヴェドン）

「彼女を下手に写すなんて、しようと思ってもできない。写される心構えができたとき、彼女はもうレンズの期待を超えているのだから」（インゲ・モラス）

「美貌《びぼう》に知性が結びついて、われわれフランス人がいう永遠の女（ラ・ファム・エテルネル）というひとつの神話が創造された」（アンリ・カルティエ＝ブレッソン）

あのとき
生まれてはじめて私は、
自分が人々になんらかの影響を
与えることができる、
と感じたの。

STAGE

スターの自覚

ジョー・ディマジオと新婚旅行を兼ねて日本を訪れたとき、マリリンは単身韓国へ渡りました。アメリカ軍兵士の慰問《いもん》コンサートのためです。

二十七歳、韓国の最前線でステージに立ったマリリンは、肌も露《あら》わなドレスに華奢《きゃしゃ》なハイヒールというスタイル。気温は氷点下だったのに、そんなスタイルでステージに立ったのは、「マリリン・モンローの慰問」を楽しみにしていた兵士たちを失望させたくなかったからです。

大歓声のなかで「ダイヤモンドは女のベストフレンド」、「バイ・バイ・ベイビー」などを歌い、三日間、兵士たちと一緒に軍の食堂で食事をし、作業服で歩きまわりました。

世界中に伝えられたこのニュースは、人々に衝撃と、感動を与えました。

のちにマリリンは言っています。「この旅行が生涯で一番楽しい旅行だった」と。

「あのときくらい、自分がスターなんだって思ったことはなかった。舞台の上から観客を眺めて、私に微笑をむける人がこんなにいるってことが、とても素晴らしかったのよ。生まれてはじめて何も怖くなくなったの。ただひたすら幸せだったわ」

私は
いるべき場所にいると
感じたの。

PLACE

居場所の発見

韓国への慰問、この幸せな体験は忘れ難いものになりました。コンサートで着たドレスをずっと大切にとっておいたほどに。

当時、最前列でマリリンを撮影していたカメラマンは言っています。

「何か義務があったわけではないし、自己宣伝のためでもなかった。韓国に慰問にきた芸能人は六人くらいいたけれど、彼女が最高だった。落ち着いていたし、頭の弱いブロンド女なんて感じはまったくなかった。ショウのあと、我々カメラマンの撮影にも喜んで協力してくれて、一緒にいられることがとても嬉しいって言ってた。ひとりひとりに声をかけて、家族のことや故郷のことについて聞いていた。ものすごく寒かったのに、いつまでも帰ろうとはしなかった。マリリンはすごい女優だ。何千人もの兵士に、自分たちのことを心から気にかけてくれる人だと感じさせたんだから」

マリリンは兵士たちに言いました。「私はいるべき場所にいると感じたの。生まれてはじめて、私を見ている人たちが私を受け入れ、好意を寄せていると感じたの。それがずっと前からの夢だった、そんな気がしています」。

最後は目に涙をためながら言いました。

「親切にしてくれて、ありがとう。思い出を大切にしてね！」

シンデレラになった気分よ。
こんなにみなさんが
来てくださるなんて、
思ってもいなかったわ。
ほんとよ。

QUALITY

なぜ「下品」にならないか

二十八歳、映画『七年目の浮気』完成記念パーティーでの言葉です。

ハリウッド・スターがずらりと並んでマリリンを祝福、彼女は自分がいままでにないあつかいを受けていることに感激していました。

大衆から愛されていることは知っていたけれど、映画界でそれを実感したことがなく、はじめて自分が女優として賞賛されていると感じたのです。嬉しい事件でした。

『七年目の浮気』の監督はビリー・ワイルダー。のちに『お熱いのがお好き』も撮るこの監督は、マリリンを高く評価していました。

「スクリーンのマリリンは、手を伸ばせば触れることができるかのように見える、ほんもののイメージがある。コミカルなセリフに独特のテイストをつける天性の資質をもっていた。下品になりかねない役を演じてもけっして下品にはならなかった。スクリーンの彼女を見ると、なんだかみんな楽しくなる。要するに、グレタ・ガルボを除いては、ほかの誰にもない才能をもっていた」

このパーティーでのマリリンがどんなだったか、写真家のジョージ・バリスの言葉が伝えてくれます。

「誰もがみんな彼女のそばに行きたがり、そして彼女にさわりたがりました」

同じことを
何度繰り返しても
チャレンジには
ならないわ。

CHALLENGE

「新しい女」になる

ハリウッドに背を向けてニューヨークへ行き、「マリリン・モンロー・プロダクション」の設立を発表した時期の言葉です。

スピーチでマリリンは自分を「新しい女」と言いました。

「会社の設立は、私がやりたい、もっとちゃんとした役を演じるため。いままで出た大部分の映画は、あまり好きじゃないの。セクシーなだけの役は、もう、うんざり。自分の視野を広げたいの」

ビジネス・パートナーはミルトン・グリーン。有能な写真家でした。彼はマリリンの才能を認め、その才能が正当に評価されるよう力を注ぎ、妻のエイミーとともにマリリンの「保護者」となり、マリリンを大切にしました。

「彼女は道端で犬が死んでいようものなら、泣き出すくらい神経過敏なので、声のトーンにまで注意が必要だった。それでもあの声の響き、人の好さ、ほんとうのたおやかさ、彼女のような女性は、はじめてだった」

マリリンが過去と手を切り「新しい女」を目指したこの年は、マリリンの人生の転機となった年でした。二十九歳のときのことでした。

誰かが私に、
「あなたはニューヨークで
何をしたいんですか、何になりたいんですか」
と尋ねたの。私は、
「芸術家（アーティスト）になりたいんです」
って答えたわ。

ARTIST

特別なふたり

「マリリン・モンロー・プロダクション」を立ち上げたころの言葉です。アーティストになりたい、と答えたマリリンに質問者は「画家になりたいんですか?」と聞き返しました。マリリンはがっくり。「彼らには劇場でのアーティストになりたいってことがわからないのね」。

彼女は本気でした。「ニューヨーク・アクターズ・スタジオ」の生徒となったのです。もちろん演技を本格的に学ぶため、演技派の女優になるためです。

この有名なスタジオの指導者はリー・ストラスバーグ。当時五十七歳。のちに彼は言っています。

「私は何百人もの俳優、女優を育ててきたが、特別だったのは、わずかふたり。マーロン・ブランドとマリリン・モンローだ」

アクターズ・スタジオでは誰もスターあつかいされなかったので、マリリンはいつもジーンズなどのラフなスタイルで、部屋の一番目立たないところにいました。大スターが一から演技を学ぼうとしている。スタジオ中の好奇の目が注がれるなか学ぶことは、かなりの勇気を必要としましたが、マリリンはやり抜きました。

彼女は男の人を愛することで
成熟し発展してゆくのよ。
だから私は彼女を演じたいの。

ALICE

意地悪な質問

これはある記者会見での、有名なやりとりのなかのセリフです。セクシーなブロンドの役だけではなく、女優としての幅を広げたいと思っていたマリリンの、演じてみたい役柄のひとつにグルーシェンカがありました。

「ドストエフスキーの『カラマーゾフの兄弟』の映画化の話があったらぜひ出演したいと思っています」

ある記者が尋ねました。「なぜ兄弟を演じたいのですか?」。これはマリリンを小馬鹿にした質問でした。お前にドストエフスキーがわかるのかという。

「兄弟じゃないわ。私が演じたいのはグルーシェンカ。だって女性だもの」

記者はグルーシェンカを知らなかったのか、狼狽《ろうばい》して言いました。

「いま言った名前のつづりは?」

この意地悪な質問にマリリンはまったく動じることなく、おっとりと、ウィットに溢《あふ》れる瞳で答えました。「ハニー、そうね、綴《つづ》りはGから始まるわ」。

男たちを翻弄《ほんろう》する魔性の女でありながら、純真な聖女性をあわせもつグルーシェンカにマリリンは共鳴していたのです。

私が遅刻するのは
傲慢《ごうまん》のせいだと言うけれど、
正反対。
現場でいい演技ができるように、
自分の能力の
最高のことができるように、
完璧に準備したいからなの。

LATE

遅刻する癖

悪名高い遅刻癖ですが、マリリンにも言い分はありました。

「いまの世の中って、とてもせわしないでしょ。だから人はピリピリ神経をとがらせて、いつも不満だらけ。自分の人生に対しても、自分自身に対しても。そんな状態で完璧なことができると思う？　完璧を手にするには時間がかかるのよ」

「私のことを遅刻するって文句を言うけど、みんな時間通りに来たって、実際は何もしないで雑談しているだけじゃないの」

名監督ビリー・ワイルダーは「時間ぴったりに来るすべての女性より、遅れて来るマリリンのほうがいい」という名言を残しましたが、こんな表現もしています。

「私にはウィーンで女優をしている伯母がいる。撮影にはいつも時間ぴったりにやってくる。セリフは完璧。仕事で迷惑をかけたことは一度もない。けれど映画館の切符売り場で彼女は十四セントの値打ちしかないんだよ」

最後の映画『荒馬と女』で共演したクラーク・ゲーブルは、どんなに待たされてもマリリンの味方で、マリリンを非難する人たちに言いました。「彼女がそこにいるときは、まさにそこにいる。仕事のできる状態で、存在しているんだ！」

私の望みは、
世界中の雑誌の表紙から
エリザベス・テイラーを
しめ出すこと。

RIVAL

ライバルの女優

それは、マリリンのセルフ・プロデュース力を証明する、ひとつの「事件」でした。

未完の映画『女房は生きていた』の撮影でのこと。その日はプールを全裸で泳いでいるという設定で、マリリンは肌色のビキニでプールに入りましたが、どうしても水着を着ているのがカメラに映ってしまう。

マリリンはジョージ・キューカー監督に言いました。全裸になって、そのことを公表すれば映画のいい宣伝になるのでは？　監督はこれに賛成。やがて、マリリンがオールヌードで演技しているというニュースが、証拠写真つきで世界に広がりました。

ヌード写真の掲載を許可するかわりにマリリンが出した条件がこの言葉で、結果、希望通り、すべての雑誌の表紙はエリザベス・テイラーからマリリン・モンローに変わりました。エリザベス・テイラーが同時期に撮影していた映画『クレオパトラ』は莫大な制作費、宣伝費をかけていて、どの雑誌の表紙もエリザベス・テイラーという状況だったのです。

個人的に彼女を嫌っていたわけではないので、これは、いわばマリリンの女優としての意地でしょう。

とても誇らしかった。
あれが私の最後の仕事に
なったとしても、
後悔はないわ。

PRESIDENT

大統領との特別な関係

一九六二年五月十九日、マディソン・スクエア・ガーデンでケネディ大統領の誕生日祝賀会が開催されました。マリリンはこのイヴェントのために、特別なドレスを用意していました。衣装デザイナーのジーン・ルイスが手がけたもので、ベージュの薄い生地に約二五〇〇個のスワロフスキーのクリスタルが縫いつけられていて、そしてマリリンはドレスの下には何もつけていませんでした。それはぴったりと体に合わせて縫いあげられた、第二の肌ともいうべきものでした。

マリリンとケネディ大統領の特別な関係が噂になっていたこともあり、ステージにマリリンが登場すると大歓声、マリリンはけだるく甘く、空間に漂うようにして、それから深呼吸、やがてハスキーな声で、「ハッピー……バースデイ……」と歌い始めます。ほとんど吐息のように始まったこの「ハッピー・バースデイ・ミスター・プレジデント」は、誰もが認める、数分間の、奇跡の舞台。

アメリカ合衆国大統領の誕生日パーティーの大イヴェントで、事実上のメインゲストとして誕生日の歌を歌う。これはマリリンの生涯最高の晴れ舞台でした。

世界中でこれほど
重要な人はいないわ。
その人と私、
恋人同士なの。

残念ながら私は
少数派として権利を剥奪《はくだつ》されて、
いま反対運動の渦中《かちゅう》にあるの。
残り少ない地上のスターのために、
私たちが求めるのはただ、
光り輝く権利なのよ。

FIGHT

労働者として闘う女優

マリリンは三十六歳の誕生日の数日後に「二十世紀フォックス」社から解雇されました。理由は映画『女房は生きていた』に対する非協力的態度です。遅刻・欠席が多いことが主な原因ですが、会社側の権力闘争なども絡んでいたようです。

マリリンとしては体調が悪かっただけで、自分には解雇されるほどの落ち度はないと、断固として会社側と闘う決意でした。当時のハリウッドはまるで映画生産工場であり、すべて規格が定められていました。マリリンは規格外のスターだったのです。

三番目の夫であるアーサー・ミラーは言っています。

「彼女は女優として真実のことをやるか、ストライキをするかどちらかだ。ある状況に置かれたなら、まずその基本的な現実をしっかり見据える、ということを彼女はする。ものごとの核心をつらぬくのだ」

マリリンは言いました。「ハリウッドが私を嫌うのは、急に姿を消したり反抗しているからじゃなくて、勝とうとしているからなのよ」。

ハリウッドには数多くの女優がいたけれど、マリリンのように闘う女優は、ひとりもいなかったのです。

私の演技を支えている
感受性は、
同時にいろいろなことに
反応するの。

ACT

狂気と正気のはざま

マリリンが恩師のリー・ストラスバーグに「私はどうやら神経過敏みたい」と相談したとき、彼は言いました。

「きみがそうでなくなるときには、俳優はやめなさい。きみの神経過敏は感受性が鋭いということなのだから」

マリリンは、芸術家（アーティスト）でありたいと願っていました。周囲はなかなか認めてくれないけれど自分はアーティストなのだと。

「私のようなアーティストが自分に誠実であろうとすると、狂気のふちに立っているかのように感じることがある。でもそれはほんとうの狂気ではなくて、ただ自分の一番の真実の部分を表に出そうとしているだけなのね。そして、それはとても難しいことなの」

そんなマリリンがハリウッドの映画の作り方は間違っていると感じるのは当然のことでした。

「私は芸術作品を作るように仕事をしようと努力しているの。映画はひとつの芸術様式なのだから、撮影所が映画生産工場みたいで、いいわけはないのよ」

年齢なんか
問題じゃないわ。
現在どのように写真に
写るかが大事なの。

AGE

年を重ねる美しさ

未完の映画『女房は生きていた』撮影中のヌード写真、さらには「ヴォーグ」誌の撮影で写真家バート・スターンがヌードを撮影、「コスモポリタン」誌ではジョージ・バリスによる撮影が行われました。

六月一日生まれのマリリンは三十六歳になったばかりで、悲劇の死まで二カ月足らずという時期。このころ公表されたサイズは九十四、五十六、八十九。「いままでよりプロポーションもいいの。若いころよりずっと魅力的なのよ」と言うマリリンは、もちろん十年前よりも張りは失われていて、当時は現代ほどアンチエイジングの技術がなかったこともあり、顔にも皺《しわ》が目立ちます。それでも、誰をも拒まないように思わせる、やわらかな魅力は増しています。

冗談めかしてマリリンは言います。「三十六歳だって、十二歳から十七歳くらいの男の子が口笛を吹いてくれるうちは、まだまだ捨てたものじゃないわ」。

三十六歳の誕生日の夜、撮影所のスタッフはバースデイ・ケーキを用意してマリリンを祝福しました。その夜はドジャー・スタジアムで開かれた慈善競技会に出席。元気な笑顔で野球帽をかぶり、始球式に臨みました。これが人々の前に姿を現した最後となりました。三十六歳の誕生日の夜のことでした。

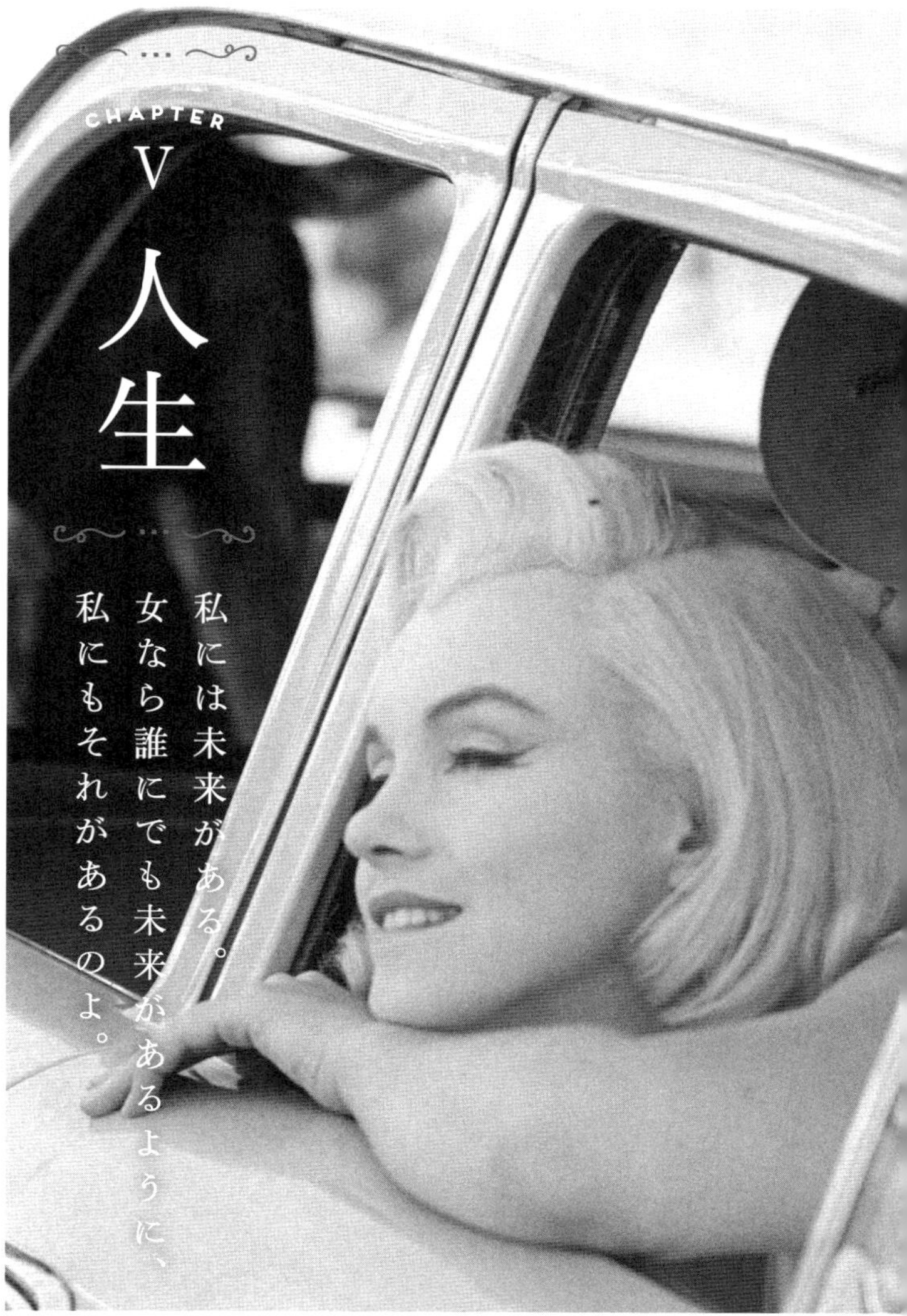

CHAPTER V

人生

私には未来がある。
女なら誰にでも未来があるように、
私にもそれがあるのよ。

私は成長するにつれて、
自分がほかの子と違うことに
気づいたの。
私の生活には両親からのキスも
嬉しい約束もなかったから。

MISERY

父を知らない孤独な少女

一九二六年六月一日、マリリン・モンロー（本名ノーマ・ジーン・ベイカー）はアメリカ、ロサンジェルス総合病院で生まれました。マリリンの母親は十代で結婚、ふたりの子どもを産み、その後離婚し、再婚するけれどうまくいかず、映画会社でネガ・カッターとして働いていたときに出産。それがマリリンで、父親は誰だかわからない、というのが真相です。

「私は父を知らない。幼いころ、父は事故で亡くなったと母親が教えてくれたわ」

母親は働かなくてはならず、マリリンは祖母に預けられますが、祖母はマリリンが一歳になったばかりのころ、精神科に入院ののち亡くなり、マリリンは里子を預かって収入を得ているボレンダー家で七年間暮らします。のちに作りあげられた伝説では多くの里親のもとを転々とした、となっているけれど、実際はこの里親のもとで厳しく躾《しつ》けられました。生活は比較的安定していましたが、一番欲しい「愛情」だけは与えられず、里親のもとでの「自分は邪魔者」だと意識させられながらの幼少時代は、マリリンの心に深い傷跡を残しました。

やがて母親も精神科に入院。祖母も母も精神を病んだという事実への恐怖は、生涯にわたってマリリンを苦しめました。

心引き裂かれる出来事を、
人はけっして忘れない。

MOTHER

精神を患《わずら》う母親

母親が精神科に入院したのち、母親の親友の女性がマリリンの法律上の後見人となりますが、自分の結婚のため一緒に住むことができずに、九歳のときマリリンは孤児院に入れられました。「ロサンジェルス 孤児の家」の前で彼女は泣きました。「私は孤児じゃない、ママは死んでない、病気で入院していて私の面倒をみられないだけなの。お願いだから私を孤児の家に入れないで！」。けれど願いはかなわず、二年後、後見人の配慮で孤児院を出るものの、このときの恐ろしい体験は、生涯消えることはありませんでした。

マリリンは不幸な生い立ちを誇張して語りました。孤児院でのつらい仕打ち、里親からのいじめなど、幼いころの話には陰惨《いんさん》なエピソードが並び、同情を誘うための作り話も多く、どこまでが本当でどこまでが嘘なのか、わからないものもあります。

大切なのは、これらのことを「語った」ということでしょう。

彼女が語ったのは、記憶のなかのエピソードが重なり、やがて自分のなかで真実となった話。マリリンが語ったことは、「事実」ではないかもしれないけれど、マリリンにとっての真実だったのです。

「本当に大切なのは、
あなたがどんな人間なのか、
ということ。
だから心配しないで」

MESSAGE

悲しみを救った一言

過酷な少女時代、唯一、安らげたのは十代の前半、「アナおばさん」と暮らしたときでした。アナは後見人の伯母にあたる人で、六十代の独身女性。マリリンが「私の生涯でもっとも大きな影響を受けた人」、「こんなに深く人を愛したのは彼女だけ」と言うほどの人です。

あるときのエピソード。中学の同級生から貧しい服装のことでいじめられて、激しく泣きじゃくりながら走って家に帰ると、アナは黙ってマリリンを腕に抱き、赤ちゃんにするように前後にゆすりながら言いました。「本当に大切なのは、あなたがどんな人間なのか、ということ。だから心配しないで」。マリリンはアナの腕のなかで目を閉じてその言葉を心に刻みつけました。

偉人たちが数々の名言を残しています。そして、それに負けないくらいの名言が、平凡なひとりの人間の、必死で生きている生活のなかにあります。必死で生きている人がそれを受け取り、救われることもあります。

マリリンは生涯にわたって「自分自身がどんな人間なのか」という問いかけから目をそらしませんでした。とくに名声を得てからそれを強く意識していました。

再びそれは私にとって、
自分が誰にも
必要とされていないことを
知る事件だったわ。

結婚という「避難所」

大好きな「アナおばさん」のもとで、十五歳になったマリリンは地元の高校に入学しますが、すぐに退学となります。理由は「反道徳的」な異性関係。マリリンの後見人とアナは、マリリンの今後について話し合いました。

後見人はロサンジェルスを離れることになってしまい、アナに託したいところでしたが、アナは法律上の後見人となるには高齢すぎて、かといって孤児院に戻すことも、ほかの里親のところに送ることも不憫《ふびん》。残された唯一の道は「結婚」だと彼女たちは考えました。そして近所に住むジム・ドハティとの結婚を勧めたのです。

マリリンは、どこにも行き場のないことに傷つきますが、ジムと何ヵ月かデイトを重ね、結婚。十六歳でした。ジムは二十一歳。

時代は第二次世界大戦中。夫は海軍に入隊、海外勤務になり、ほとんど離れたままでの結婚生活。やがて、マリリンがモデルから女優への道を志したため、二年後には離婚。この最初の結婚はマリリン本人が言うように「避難所」としての色彩が強いものでした。

子どもができたら
すぐにでも女優をやめて
家庭を守るわ。

CHILD

子どもが欲しい

マリリンは子ども好きで、二度目の結婚相手ディマジオのときにも「子どもは六人くらい欲しい」と言っています。

「子どもがいてこそ結婚は完璧なものになる」という考えは現代もありますが、一九五〇年代においては絶対的でした。

マリリンは子どもが好きだったけれど、自分の子どもとなると女優業のこともあり、現実味がありませんでした。そんな彼女が、子どもが欲しいと強く思ったのは、三十代、アーサー・ミラーとの結婚時ですが、子宮外妊娠、流産と不運が重なり、願いは叶いませんでした。

実際には女優をやめられる人ではなかったと思うけれども、「仕事より何より、とにかく子どもが欲しい」という時期があったのです。

マリリンは自分の生い立ちを語るときに、何度も中絶をしたなんて言うこともあり、だから噂にもなっていたけれど、専属の産婦人科医によれば「それはまったくの嘘。流産が二回と子宮外妊娠が一回あったが、中絶は一度もなかった」ということです。

私は彼らに言ったの。
「質問することを恐れないで。
はっきり聞いてくれれば
なんでも言うから」
って。
だって、私はそういう生き方を
してきたのだから。

AIR

すべての人と対等に

「彼ら」とは結婚相手の子どもたちのこと。三度目の結婚相手アーサー・ミラーには前妻との間にふたりの子どもが、前夫ディマジオにも息子がいて、マリリンはこの三人を合わせて「私の子どもたち」と言い、とても可愛がっていたのです。

自分が有名であるために、あることないことを書かれるのはどうしようもないけれど、それを子どもたちが読んで傷つくことを心配し、「彼らは私が有名であることの負担を背負っていてかわいそう」と、心を痛めていました。

インタビュー記事をチェックするときは、彼らを傷つけるような言い回しがないかどうか何度もチェックし、気になる箇所があると誠実に訂正しました。

子どもたちには「相手が大人で、いろいろなアドバイスをくれるからって、すぐにその人に感心してはいけないわ。自分の目でその人をよく見て自分の判断で決めなきゃだめよ。私自身についても同じようにしてね」と言っていました。子どもに対しても、同じ高さに立ち、同じ目線で話し、「ひとりの人間」として対等に接する。これが自然にできたのがマリリンという人でした。

亡くなったとき、葬儀の香典は恵まれない子どもたちの施設に寄付されました。

HELP!

HELP

「頭の弱いセクシーなブロンド」

二十代の後半に出逢った詩人のノーマン・ロステンは、文学好きのマリリンにとって特別な友人で、詩や手紙をよく送っていました。

三十二歳の夏の終わり、映画『お熱いのがお好き』のロケ先からの手紙は少し変わったものでした。ホテルの便箋《びんせん》には浜辺の風景が印刷されていて、その海のなかにマリリンは両手をあげている女性の絵を小さく描き、セリフを書き入れました。

「ＨＥＬＰ！《たすけて》」

撮影中の映画はいつもの「頭の弱いセクシーなブロンド」の役なので乗り気ではなかったこともあります。撮影恐怖症が激しくなり、不安定な心理状態に悩まされていたこともあります。アーサー・ミラーとの結婚もうまくいかなくなっていて、子宮外妊娠がそれに重なり、マリリンは危機的状況にありました。

「ＨＥＬＰ！」。これもまた、マリリンの人生をつらぬくキーワードのひとつでしょう。そのときどきで、あるときは声を押し殺して、あるときは叫びながら、そして、あるときはユーモラスにイラストにしたりして、マリリンは自分を押しつぶそうとする、さまざまな人たちや事柄と、闘い続けたのです。

困っている人を見れば
助けるのは当然でしょう。
あなたにもそういう心を
もってほしい。

KINDNESS

「優しいこと」は美しい

マリリンが可愛がっていた少年に言った言葉です。

彼女はときおり、貧しい人たちが多く住む地区に出かけて、そこで彼らと話をし、いくらかのお金をあげていました。周囲の人たちは危険だからやめるよう忠告したけれど聞きませんでした。あるとき少年はマリリンに尋ねました。「なぜそれをするのか」と。それに対する答えが、困っている人を見れば助けるのは当然、という言葉です。

彼女の弱者に対する同情は多くの人が目撃しています。ツアーのスケジュールを変更して足の不自由な子どもたちを慰問《いもん》したり、怪我《けが》をした動物を助けないではいられなかったり、ホームレスの人たちに手を差し伸べたり、差別的な仕打ちを受ける黒人俳優を助けるためにも動きました。映画の宣伝を兼《か》ねて企画された州立孤児院や困窮者の病院への慰問時にも、ひとりひとりと話がしたいと言って広報係を困らせました。

そしてマリリンは、慰問の記録写真を撮られるのを嫌がりました。写真を拒むことがほとんどない彼女にしては珍しいこと。そういう行為をしていることが宣伝として使われるのが嫌だったのです。マリリンの美意識が、ここにあります。

私は夫がとった態度を
誇りにしているわ。
最後まで
夫に従うつもりよ。

LIBERTY

「自由への弾圧」に抵抗

三度目の結婚相手であるアーサー・ミラーとの関係を、周囲の人々は「ミラーがマリリンを庇護《ひご》している」ものだと見ていたし、ミラーも自伝で、そのように書いています。

けれど、結婚に先立ってマリリンは、ミラーを重大な危機から救っています。当時アメリカはソ連と冷戦状態にあり、共産主義者への弾圧が強まっていました。いわゆる「赤狩り」で、アーサー・ミラーにも嫌疑《けんぎ》がかけられ、裁判にかけられたミラーを、マリリンは経済的にも精神的にも全面的に支援したのです。

国家権力に逆らうことは女優生命にかかわることであり、社会的に抹殺される危険さえありました。周囲の人たちから「こんどこそおしまいだ」と言われても、それでもマリリンは動じることなく、夫を誇りに思う、と言ったのです。

マリリン・モンローという超有名な女優が公然とミラーを支援したことは、世論にも大きな影響を与え、結果、ミラーは裁判に勝ちました。

マリリンがミラーを支援したのは「愛」という理由も、もちろんあるけれど、自由への弾圧には断固抵抗する、という強い意志もまたあったのです。

誰もがそれぞれ
つらい問題を抱えているわ。
胸をしめつけられるような
問題を抱えながら、
それを周囲に知られないように
している人たちだっているのよ。

ADDICTION

薬物中毒の噂

三十五歳、三度目の離婚後、マリリンは悪夢のような体験をします。薬への依存から錯乱状態になることが増えたため、主治医の指示で入院したのです。そこが精神科とは知らずに。

マリリンは薬物中毒だったと言われたけれど、飲んでいた睡眠薬や覚醒剤は内科医から処方されたものであり、薬が危険であるという認識も、当時の多くの人と同様、ほとんどありませんでした。また、アルコールのこともよく言われますが、マリリンはお酒に弱い体質で、酔うことはあっても中毒ではありませんでした。

収容された病院で、当然退院への交渉を行いましたが、病院側は「精神障害者」あつかいしかせず、マリリンは怒り、反抗し、嘆きます。「私の魂に関心をもった人なんてひとりもいなかったの」。

けれどほかの重症の患者の姿を見て、自分は「違う」という気づきを得たことは大きなことでした。マリリンは祖母や母と同じように、自分も精神を病むのではないかと恐れていたけれど、「それは違う、私はあくまでいろいろな問題を抱えているだけ」なのだと知ったのです。知人友人にSOSを送った結果、彼女を救い出したのは元夫のジョー・ディマジオでした。

私は前向きになろうと思い直し、
ジークムント・フロイトの書簡集を
読み始めました。
本を開くと、扉の反対側にフロイトの
肖像写真があって、
突然涙が溢《あふ》れ出しました。
彼の表情のなかに
悲しい落胆《らくたん》が見えるのです。

求め続けた「無条件の愛」

これは精神科から退院後に、精神分析医のラルフ・グリーンスンに送った手紙の一部です。マリリンの繊細な感受性が見えます。

グリーンスン医師は、マリリンの最後の二年間、もっとも近くにいた人物です。フロイト派の古典的な分析医として名声のあった彼はマリリンに会ったとき四十九歳。妻子とともにマリリンにとって家族同様の存在となり、マリリンは彼に依存し、そして彼もまたマリリンにのめりこみました。「彼女に必要なのは無条件の愛と献身。それ以下のものは受けつけない」。彼は自分だけがそれを与えられるような感覚になり「彼女にとって唯一の精神分析医になる」と友人に言っています。

マリリンはグリーンスンの家の近くに自宅を購入。カリフォルニア州ブレントウッドのフィフス・ヘレナ通り。平屋で漆喰《しっくい》の白壁、メキシコ風の一軒家。死に場所となる家でした。そこから熱心にグリーンスンのもとに通い、最後のころには一日に数度、精神分析を受けることもあったほどです。

グリーンスンはマリリンの死に関与しているとも言われていて、彼が睡眠薬の量を誤って投与したというのです。彼の過失でマリリンは亡くなった。そう見る人は少なくありません。

TEARS

やっと自分というものがわかってきたの。
自分自身と向かい合えるようになったの。
これまでずっと
自分から逃げてばかりいたけれど、
私って単純さと複雑さが混ざった人間なのよ。

どうか私を
冗談あつかいしないで。

HAFF

「どうか私を冗談あつかいしないで」

さまざまなことを語った「ライフ」誌のラスト・インタビュー。マリリンは記者に懇願していました。

「このインタビューを終わるにあたって、私がほんとうに言いたいことを言わせて欲しいの。それは、いま世界に必要なのは、ほんとうの仲間意識だということ。スターも、労働者も、黒人も、ユダヤ人も、アラブ人も、みんなそうよ。私たちみんな、きょうだいなのよ。このことこそ、私がいま懸命になって正しく理解しようと努めていることなの。この言葉で記事をしめくくれば、次に何を語り合うべきかという問題に、みんながとりかかってくれるわ。どうか私を冗談あつかいしないで。私が望んでいるようにインタビューをしめくくって」

どうか私を冗談あつかいしないで。この言葉からにじみ出る悲しみ。

たくさんの本を読み、教養を身につけ、豊かな人間になろうとしていたけれど、「知性、教養とは無縁のセックスシンボル」として「冗談あつかい」され続けたマリリンの、これが最後の悲痛な願いでした。ここには、どんなに「冗談あつかい」されても、真実に近い自分の姿をわかってもらおうと、諦めることのなかった、ひとりの女性の真摯な姿があります。

人はいつだって
何かを失っているのよ。
それでも私たちは
生き続けなければならない、
そうでしょう？

LONERY

孤独な電話魔

マリリンは電話魔でした。

「私がいつも頼りにしているのは電話。電話が親友ね。友だちに電話するのが好きなの。夜遅く、眠れないときなどは、とくに」

人生最後の日となったその日も、いつものようにマリリンは何人かに電話をしています。

詩人のノーマン・ロステンもそのひとりで、電話を受けたロステンは「ライフ」誌のインタビュー記事を読んだ感想をマリリンに伝えました。

「とてもよかったよ。自由奔放で、何も失うものなどない、といった口ぶりで話しているところがよかった」

マリリンは笑いながら言いました。

「人はいつだって何かを失っているのよ。それでも私たちは生き続けなければならない、そうでしょう?」

こんなふうに、聡明な対応を、笑いながら、さらりとして、それからまもなく、マリリンは死んでしまうのです。受話器を握りしめて。

いまは
何も決めなくていい。
時間はまだあるわ。
四十歳で人生が
始まるなんて、どう？

LIFE

年齢を隠さない姿勢

マリリンの謎に包まれた死は、八月五日の早朝、家政婦によってベッド・ルームで全裸で発見された、ということになっています。

警察が呼ばれ、行政解剖で「自殺と推定」と発表され、検視調書には「睡眠薬の過度の服用による急性中毒死」と書かれました。不審な点が多数あったことから他殺の線での捜査の動きもあり、死から五十年以上が経過したいまでも、新説が飛び出すなど、その死は多くの人の関心を集めています。

ケネディ家の人、マフィア、FBI、CIAによって殺されたという説。グリーンスン医師が薬の投与量をミスしたという説。自殺という説。けれど、自殺説はこの時期のマリリンの将来への意欲を考えると、もっとも可能性は低いでしょう。

「四十歳で人生が始まるなんて、どう?」という言葉からわかるように、年齢の壁を越えて、将来を見つめようと努めていたからです。

マリリンは年齢を隠すことがありませんでした。「今日、三十五歳になっちゃったけれど、希望を感じています」と親しい人に書き送ったり、撮影のときに「私、三十六歳にしてはなかなかでしょ?」と言ってみたり、女優には大敵である年齢もマリリンは受け入れる生き方をしていたのです。

私には未来がある。
誰にでも未来があるように、
私にもそれがあるのよ。

FUTURE

未来への夢でいっぱい

死の直前の言葉です。「二十世紀フォックス」と和解し、好条件で契約し、新しい映画についての打ち合わせも進めていて、マリリンは意欲に満ちていました。そんななかでの突然の謎の死だったのです。

葬儀をとりしきったのは、あたたかな愛情関係を築き始めていたジョー・ディマジオでした。彼はハリウッドの人間を拒絶、参列を許されたのは三十人に満たない、ごく近しい人たちでした。

最後にパイプオルガンで映画『オズの魔法使い』の劇中歌「虹《にじ》の彼方《かなた》に」が演奏されました。マリリンが好きだった曲です。

薔薇色の大理石の柩には、シャンパン色のベルベットが敷かれ、お気に入りだったエミリオ・プッチの緑色のドレスを着て、美しくメイクされたマリリンが横たわっていました。胸の上に組んだ手には、ディマジオから贈られた小さなピンクの薔薇の花束。土のなかが暗くて怖いと言っていたので、ウエストウッドのメモリアル・パークに埋葬されました。縦横一メートルほどのコンクリートの壁のなかに柩を納めるタイプの墓です。墓碑には「マリリン・モンロー　1926－1962」とだけ記されています。

人はいつも、
その人にふさわしいものを
得られるのだと
私は信じているの。

BELIEVE

「女神《めがみ》」となった女優

マリリンが信じるように、「人はいつも、その人にふさわしいものを得られる」のだとしたら、マリリンは三十六年の人生でそれを得たということなのでしょうか。

長生きするだけが成功ではないから、マリリンは、彼女としては充分な人生を送ったのかもしれません。彼女が短い人生で成し遂げたことを見れば、そんなふうにも思えます。

女優として活躍した期間はおよそ十六年。十六年という年数で、不幸な生い立ちのひとりの女性が世界的大スターに、死後は「女神」として讃《たた》えられる存在に、なったのです。実に大きなことを成し遂げたのです。

歳をとったマリリンなんて見たくもない、美しい人は美しいままで。そんなふうに言う人もいるけれど、最後のころの言葉にふれると、年齢を重ねたマリリンも見たかったようにも思えます。

年齢を重ねて、知性に磨きがかかり、優しさも深まって、たおやかな魅力をもつ女優として、人々を魅了したのではないか。そんなふうに想像できるからです。

UPTOWN
LOCAL
GRAND
CENTRAL

いま世界に必要なのは、
ほんとうの仲間意識
だということ。

スターも、労働者も、
黒人も、ユダヤ人も、
アラブ人も、
みんなそうよ。
私たちみんな、
きょうだいなのよ。

FILMOGRAPHY

マリリン・モンロー　おもな映画について

ノックは無用（26歳）

『アスファルト・ジャングル』、『イヴの総《すべ》て』など十五本の映画に端役として出たのちの準主役。それまでは「かわいくてセクシーな女の子、ただそれだけ」という役ばかりだったけれど、この映画では精神を病んだ女性という難しい役どころ。マリリンは役柄を研究し、「都会に蔓延《まんえん》する、日常的だからこそ恐ろしい、ささやかな狂気」を演じてみせました。わざとらしくない、じつに自然な、そして陰影のある演技は、高く評価されました。

ホテルのベッドルームで少女を脅《おど》すシーンなどは鬼気迫るものがあって、瞳に宿る狂気に背筋がぞくりとするほどです。

ナイアガラ（27歳）

『モンキー・ビジネス』でセクシーなブロンドの役を演じ、アンソロジー映画『人生模様』にほんの少し出演したのちの映画、準主役です。

ナイアガラの滝という世界的な観光地を舞台にしたサスペンスで、鮮やかなピンクのドレスで「キス」を歌うシーン、シャワーを浴びるシーン、そしてこの映画で有名になった

「モンロー・ウォーク」など、大人の色気をまとったマリリンが見られます。

マリリン演じるローズは危険な悪女であり、それまでの役柄のほとんどが「無邪気で安心できるセクシーなブロンド」であった出演作品のなかでは、珍しい映画。その存在力、歌唱力、演技力は話題となり、マリリンはスターの地位を確立しました。

紳士は金髪がお好き（27歳）

マリリンがスクリーンに姿を見せると、ほかのすべての名優たちが色褪《いろあ》せてしまう、共演者を食う俳優として、わかる人には恐れられていた彼女ですが、この映画でのダブル主役であるジェーン・ラッセル、彼女も大女優なのですが、気の毒なほど影が薄くなってしまっています。

ミュージカル・コメディで、マリリン演じるローレライは「頭は弱いけれど男を手玉にとるテクニックだけはあるセクシーなブロンド」。この映画ではマリリンの衣装も楽しめて、小物にいたるまで洒落《しゃれ》ています。

また、ラストに「きみはバカなのかと思っていたよ」と恋人の父親に言われたローレライが「ここぞというときには利口になれるんだけど、たいていの男の人はそこが嫌いなのよ」と答える重要なシーンがありますが、これはマリリンの提案によって脚本に書き加えられたセリフです。マリリンはこのセリフで、この時代の性差別を皮肉ってみせたのです。ローレライの魅力がぐんと増しました。

マリリンのダンスも歌も素晴らしく、とくにピンクのストラップレス・ドレスで歌う

「ダイヤモンドは女のベストフレンド」は永遠の名曲となりました。

百万長者と結婚する方法（27歳）

この映画は三人の女優が主役でした。マリリンが目標としていたセクシーなスター、ベティ・グレイブル、貫禄ある名女優のローレン・バコールと共演したのです。

マリリン演じるポーラは、天然ボケで度の強い近眼という役どころ。眼鏡をはずすと何も見えないのに、眼鏡をしていると男性に嫌われると思って、はずしているから、ドアや壁に激突したりする。そのコミカルな演技でマリリンにはコメディアンとしての才能もあることが認められ、さらに多くのファンを獲得しました。

自分の肉体的な、セクシーな魅力をひけらかさずに、自分自身の魅力をふんわりと出せたのはこの映画だけ、とマリリン自身も言っています。

帰らざる河（28歳）

アメリカ北西部の大自然を背景にした映画。マリリン演じるケイは鉱山の酒場の歌手という設定で、成り行きで前科者の男性とその息子と、冒険的な日々を送ることになります。

ストーリーは平凡で、インディアンとの戦いや、大自然のなかでのサバイバル、いかだでの危険な川下りという、そんなシーンばかり。撮影もきつく、スリリングなシーンにもスタントマンを使わなかったから事故もあいつぎ、マリリンが水中に落ちることもあったりして、新聞が「マリリンあわや溺死《できし》」などと書きたてました。

ショウほど素敵な商売はない（28歳）

この映画でのマリリンの衣装は、からだのラインがくっきり見える透けたものが多く、夫のジョー・ディマジオがこれに反対し、関係が悪化。撮影中マリリンは気管支炎と貧血に悩まされ、はじめての睡眠薬の副作用で時間通り行動することが難しくなっていました。

この映画でのマリリンは主役ではなく、芸人一家の息子と恋に落ちる、歌手でありダンサーという役。「ヒート・ウェーブ（熱い波）」を歌い踊るマリリンは、セクシーさばかりが強調されるカメラワークが多かったことなどもあり、「観るほうが恥ずかしい」とまで言われてしまいました。

七年目の浮気（29歳）

きわどいシーンや含みのあるセリフ満載のお色気コメディであり、はちきれそうなマリリンの魅力が全開の映画。評判はとても良くて、「タイム」誌も「みごとなコメディタッチで観客を魅了した」と激賞しました。

そして有名な地下鉄の換気孔の上でスカートがひるがえるシーンの撮影。この撮影をすることは、映画の宣伝のため事前に公表していたので、多くのカメラマン、マスコミ、ファンたちが集まりその数は二千人近くにふくれあがりました。そしてマリリンは白い下着を見せながら撮影に応じたわけです。

夜の冷気と強力な送風機で体は冷え切って震えていたけれど、それでも群衆に笑顔を振りまき、カメラに向かってポーズをしていました。

このときの写真は「世界をめぐるスナップ」と命名され、「裸で馬に乗ったという伝説のレディ・ゴディバ以来、もっとも興味深く劇的な見もの」と報じられました。

バス停留所（30歳）

マリリン・モンロー・プロダクションとしての第一作目にあたる映画です。「新しい女」になるのだとニューヨークに移住し、アクターズ・スタジオに通った成果が実り、その演技は高く評価されました。

マリリン演じるシェリーは、田舎町の場末の歌手であり、マリリンはシェリーを演じるためテキサス－オクラホマ風の鼻声を完璧にこなし、シリアスな場面も情感豊かに演じ、それは「ついに女優であることを証明した」と「ニューヨーク・タイムズ」が賞賛するほどでした。

また衣装デザイナーにシェリーの衣装を見せられたマリリンは、それはシェリーが着るものとしては豪華すぎると指摘、みすぼらしいものに替え、網タイツに穴をあけることまでしたのです。スタッフが感心したエピソードです。

アカデミー賞の主演女優賞も狙えると周囲は騒ぎましたが、なぜかノミネートさえされなくて、マリリンは失望しました。

監督のジョシュア・ローガンは後年言っています。「彼女にあれほどの光輝く才能があるとは思ってもいなかった。実にみごとな演技だった。本読みのときから顔や肌、髪、体から、なんともいえない輝きが溢《あふ》れてくる。近くに寄っても、匂いをかいでも、手でふれても、ひたすらゴージャス。それこそ、彼女の才能だった」。

王子と踊り子（31歳）

この映画の撮影のためにマリリンが夫のアーサー・ミラーとロンドンを訪れたとき、マスコミも、そして一般大衆も大騒ぎでした。ロンドンの「イヴニング・ニューズ」は書きました。「とうとう彼女がやってきた。彼女が歩く。彼女が話す。まったく彼女はクリームをのせた苺のように甘い魅力にあふれている」。

この映画の売りは、ローレンス・オリヴィエという世界的名優とマリリン・モンローの共演でした。オリヴィエは主演と監督を兼ねていました。

オリヴィエは『バス停留所』の監督ジョシュア・ローガンから「ああしろこうしろと言ってはいけない。演技についてはおそらく誰よりも知りつくしているのだから。注文をつけたら最後、おどおどするばかりで、彼女から演技を引き出すことはできない」と忠告されていたにもかかわらず、それをしてしまい、オリヴィエとマリリン、ふたりにとって、撮影の四ヵ月は地獄と化しました。

たとえば、あるときオリヴィエがマリリンに「もっとセクシーに」と指示するとマリリンは「もともとセクシーよ！」と言い返しました。友人に言っています。「ひどいでしょ、ローマ法王に信心深くなりなさい、と言うのと同じよ。人間にはセクシーかセクシーではないかの二種類しかないの。セクシーなふりをすることなんてできない。セクシーさは何も考えないところから自然に出てくるものよ」。

映画を観ると、ローレンス・オリヴェエほどの名優であってもマリリンの隣では信じられないほどに影が薄くなってしまっていることに驚きます。

お熱いのがお好き（33歳）

これは一九二〇年代を舞台にしたドタバタコメディ、女装した男性二人との珍道中で、マリリン演じるシュガー・ケインはウクレレを弾く歌手という設定、もう卒業したいと願っていた「頭の弱いセクシーなブロンド」でした。監督のビリー・ワイルダーは『七年目の浮気』でマリリンのことを知りつくしていたけれど再び七ヵ月間、マリリンにふりまわされました。このときのマリリンは心身ともにかなり不調で、共演者はそんなマリリンに苛立ち、撮影はぴりぴりした雰囲気のなか行われました。

けれど完成した映画はとても楽しく、おかしみいっぱい。アメリカ映画の傑作のひとつとして高く評価されています。

恋をしましょう（34歳）

フランスの歌手であり俳優のイヴ・モンタンとの共演が話題を呼んだミュージカル・コメディ。マリリン演じるアマンダはショー・ダンサーで、マリリンはダンスと歌のレッスンに必死に取り組み、そのかいあって、「私の心はパパのもの」「スペシャリゼーション」などの名曲を生み出しました。

マリリンの歌、ダンスシーンは、その才能がきらめいています。素晴らしいです。イヴ・モンタンとは現実でも恋におちたけれど、撮影終了とともに関係も終わりました。マリリンと夫のアーサー・ミラー、モンタンと妻のシモーヌ・シニョレ（有名な女優）、この四人は仲が良く、マリリンとモンタンの関係を知りながら、互いの伴侶はそれを見逃すという、ちょっと変わった関係。有名夫婦二組のスキャンダルということで、当時は大騒ぎでした。

荒馬と女（35歳）

原題は「ミスフィッツ」。脚本はマリリンの夫であるアーサー・ミラー。この映画には、ミラーがマリリンをどのように思っていたのかが、よく表れています。このころにはふたりの結婚生活は破綻していて、撮影現場でも周囲が気まずくなるほどでした。

夫婦関係が悪化するに従って、脚本も変わり、毎日現場で脚本が書き換えられるような状況でした。マリリン演じるロズリンは、ミラーが見たマリリンそのもので、社会に適合できない、はみだしもの、つまり「ミスフィッツ」であり魅力的に描かれていません。

つらい撮影でしたが、救いとなったのはクラーク・ゲーブルとの共演でした。ゲーブルの役はカウボーイたちと野生の馬を追っている荒くれ男。マリリンとは恋人になるという設定で、少女のころからの憧れだったからマリリンは感激でいっぱいでした。

また、ゲーブルはマリリンが何度も撮影を遅らせるようなことをしても、優しく接しました。「彼女がどんな問題を抱えているか、そんなこと知るものか。そんなことより、俺はあの子が好きだよ」。当時彼は五十九歳。三十年以上の経験をもつベテラン俳優でした。

その彼が撮影終了間際に言いました。「俺には俳優人生で自慢できるものがふたつある。『風と共に去りぬ』と、この作品だ」。そして撮影終了後に心臓発作で急死。これが遺作となりました。マリリンにしても、次作『女房は生きていた』が完成しなかったため、これが遺作となりました。

ラストシーンは夜の荒野。トラックの運転席にクラーク・ゲーブル、助手席にマリリン。

マリリン「帰り道はわかるの？」

ゲーブル「あの星を頼りに行けばいいのさ」

ふたりのスクリーン上での最後のセリフです。

おもな参考文献と映像

ほとんどは私自身が著した2012年２月出版の『マリリン・モンローという生き方』（新人物文庫／KADOKAWA）をベースにしています。

＊『マリリン・モンロー論考　中田耕治コレクション１』中田耕治著　青弓社　1991年
＊『マリリン・モンローの生涯』
　フレッド・ローレンス・ガイルズ著　中田耕治訳　集英社　1974年
＊『マリリン・モンローの真実　上・下』
　アンソニー・サマーズ著　中田耕治訳　扶桑社　1988年
＊『ドキュメント　マリリン・モンロー　上・下』中田耕治編　三一書房　1974年
＊『マリリン』グロリア・スタイネム著
　ジョージ・バリス写真　道下匡子訳　草思社　1987年
＊『マリリン・モンローの最期を知る男』
　ミシェル・シュネデール著　長島良三訳　河出書房新社　2008年
＊『マリリン・モンロー大研究』まつもとよしお著　文芸社　2002年
＊『マリリン・モンロー』亀井俊介著　岩波新書　1987年
＊『追憶マリリン・モンロー』井上篤夫著　集英社文庫　2001年
＊『マリリン・モンローの男達』
　ジェイン・エレン・ウェイン著　戸根由紀恵訳　近代文藝社　1994年
＊『アメリカでいちばん美しい人―マリリン・モンローの文化史―』
　亀井俊介著　岩波書店　2004年
＊『ブロンド　マリリン・モンローの生涯　上・下』
　ジョイス・C・オーツ著　古屋美登里訳　講談社　2003年
＊『マリリン・モンロー　愛のヴィーナス　デラックスカラー　シネアルバム３』
　日野康一（責任編集）　芳賀書店　1975年
＊『MARILYN　もうひとりのマリリン・モンロー』
　スーザン・バーナード編　藤井留美訳　同朋舎出版　1993年
＊『プレイボーイ　総力特集　マリリン・モンロー』2006年7月号
＊『アメリカを葬った男』
　サム&チャック・ジアンカーナ共著　落合信彦訳　光文社　1992年
＊『究極のマリリン・モンロー』井上篤夫編・著　ソフトバンククリエイティブ　2006年
＊『砂糖菓子が壊れるとき』曽野綾子著　新潮文庫　1972年
＊『マリリン・モンロー　魂のかけら　残された自筆メモ・詩・手紙』
　スタンリー・バックサル、ベルナール・コマーン編・著　井上篤夫訳　青幻舎　2012年
＊『インタヴューズ２　スターリンからジョン・レノンまで』
　クリストファー・シルヴェスター編　新庄哲夫ほか訳　文藝春秋　1998年

◇「マリリン・モンロー　ベストセレクション」ビクターエンタテイメント　1999年（CD）
◇「マリリン・モンロー　LIFE after DEATH」ポニーキャニオン　1994年（DVD）
◇「マリリン・モンロー　ラストシーン」
　20世紀フォックス ホーム エンターテイメント　1992年（VHS）
◇「マリリン・モンロー　最後の告白」アイ・ヴィー・シー　2008年（DVD）
◇「想い出のマリリン・モンロー」日本コロムビア　2002年（DVD）

マリリン・モンロー略年表

西暦	齢	事項
1926年		6月1日　ロサンジェルスに生まれる。母の入院中、里親のもとで育てられる。
1935年	9歳	孤児院に入り、二年間を過ごす。
1942年	16歳	高校中退。ジム・ドハティと結婚。
1944年	18歳	モデルを始める。
1946年	20歳	二十世紀フォックスと契約。芸名「マリリン・モンロー」に。ジムと離婚。
1948年	22歳	フレッド・カーガーと出逢う。演技コーチ、ナターシャ・ライテスと出逢う。
1949年	23歳	ジョニー・ハイドと出逢う。
1950年	24歳	『アスファルト・ジャングル』『イヴの総て』。人気急上昇。ジョニー・ハイド死去。アーサー・ミラーに出逢う。
1952年	26歳	ヌード・カレンダー事件。『ノックは無用』『モンキー・ビジネス』『人生模様』
1953年	27歳	「プレイボーイ」創刊号の表紙に。『ナイアガラ』『紳士は金髪がお好き』『百万長者と結婚する方法』
1954年	28歳	ジョー・ディマジオと結婚。来日。九ヵ月で離婚。『帰らざる河』『ショウほど素

		敵な商売はない』
1955年	29歳	ニューヨークで「マリリン・モンロー・プロダクション」設立発表。アクターズ・スタジオに通う。『七年目の浮気』
1956年	30歳	アーサー・ミラーと結婚。『バス停留所』
1957年	31歳	『王子と踊り子』
1959年	33歳	『お熱いのがお好き』
1960年	34歳	イヴ・モンタンとの恋愛が噂になる。グリーンスン医師と出逢う。ジョン・F・ケネディ、大統領に就任間近、交際が噂になる。『恋をしましょう』
1961年	35歳	アーサー・ミラーと離婚。『荒馬と女』
1962年	36歳	ロサンジェルスに自宅を購入。ケネディ大統領の誕生日祝賀会で「ハッピー・バースデイ・ミスター・プレジデント」を歌う。8月5日、自宅のベッドで死亡しているのが発見される。

おわりに

マリリンの言葉を集めた本書の、だいたいの原稿を書き上げたのは、二〇一六年の十一月が終わろうとするころでした。

それから一週間ほど経って、なんとはなしにNHKの「映像の世紀プレミアム第3集『世界を変えた女たち』」を観ようとリビングのソファに座ったのですが、いきなりマリリンの姿が画面いっぱいに現れたから驚きました。

――一九五四年、日本はひとりの女性の来日にわいた。ハリウッドスター、マリリン・モンロー。二十世紀のセックスシンボルが新婚旅行に選んだのは日本だった……というナレーション、飛行機から降りる映像、マリリンと夫のディマジオが泊まる帝国ホテル前で熱狂するファンの様子などに続いて、あの韓国慰問コンサートの映像が流れます。

極寒の韓国、氷まじりの小雨が降るなか、マリリンはシュミーズドレス一枚という姿で、肌も露《あら》わに甘やかなエネルギーを体中から放出させて、兵士たちは完全防寒姿で白い息を吐きながらステージのマリリンを食い入るように眺め、マリリンは、ほんとうに生き生きと歌っています。

この番組は、二十世紀の女性、「自由を求め、愛を貫き、誇りをかけて戦った」、そういう女性たちを紹介するドキュメンタリーで、ココ・シャネル、ヘレン・ケラー、ジャクリーン・ケネディ、毛沢東夫人である江青、ヒトラーの愛人エヴァ・ブラウン、現代のマララ・ユスフザイ、ヒラリー・クリントンほか、とにかく、ものすごい女性たちばかりが登場していました。

そういう番組がマリリンの映像からスタートしたこと、そして後半にはケネディ大統領の誕生日祝賀会のステージの様子までもが流れたことに私は、それを観たタイミング、本書を書き上げたばかりだったということもあるのでしょうけれど、感動して、あらためてマリリン・モンローという人の存在の大きさを確認させられたかのように思いました。

たしかにマリリンは大衆文化（ポップ・カルチャー）の象徴とされているし、その時代の男たちの理想の女性像、セックスシンボルであったという意味で、時代を語る女性のひとりとしてとりあげられるにふさわしいのでしょう。

けれどそれだけではない。ほかの女性たち、男性との平等を求めて闘い、ときには戦争や政治運動で命を落とした女性たちと同列でマリリンは語られていました。

そうです、やはりマリリンは闘っていたのです。ハリウッドに対して俳優の権利を主張し、世の中に対して差別撤廃をうったえる発言をし、セックスシンボルであることを受け入れながらも、それだけではない自分を表現しようと、彼女はずっと闘っていたのです。

それにしてもシュミーズドレスで「ダイヤモンドは女のベストフレンド」を歌うマリリンの溌剌《はつらつ》とした輝き、そしてスワロフスキーのヌードドレスで「ハッピーバースデイ」を歌うマリリンの、引きこまれるような妖《あや》しさ。両者の魅力の色彩は違うものの、生命の輝きって、こういうのを言うのだと、その美しさに、いつでも新たな涙が出てきます。私はマリリンが大好きなのです。

マリリンの命日は八月五日です。

私はあらゆる人たちの命日はおろか、誕生日も覚えられないけれど、なぜかマリリンの命日だけは、忘れることがありません。

そしてここ数年その日には、二〇一二年に出した『マリリン・モンローという生き方』のページをぱらぱらとめくってマリリンに想いを馳せてきました。

この本を書いた当時の私は難しい時期にあって、生きにくいと嘆いていて、だからマリリンに対する共鳴キーワードは「ミスフィッツ」でした。ミスフィッツなマリリンに我が身のミスフィッツな部分が強く共鳴して揺れた私は当時、三十六歳で亡くなったマリリンよりも十歳も年上の四十五歳でした。

あれから五年が経過し、マリリンの言葉を集めた本を出せることになり、あらためて手もとにある資料、新しく入手した資料と向かい合いました。

マリリン・モンローという人が、以前とは少し違って見えました。五年という月日のなかで私自身が変化しているのですから当然なのでしょう。

ミスフィッツはそのままで、けれど以前よりもくっきりと、マリリンの聡明さが、じつに際立って見えたのです。

一方で、変わらないこともあって、それは「マリリンを愛した最初の男《ひと》」、つまり日本で最初にマリリンについて書いた作家である中田耕治先生の仕事についてです。

先生は『マリリン・モンロー論考』をはじめ、翻訳も含め、たくさんのマリリンについての本をお書きになっていて、私は先生の本で魅力的なマリリンを知りました。敬愛しているので、個人的な感情ぬきで語ることは難しく、思ったままのことを書いてしまえば、中田耕治先生は、マリリンを書いたあらゆる作家のなかで、知識や洞察はもちろん、理解という意味でも愛という意味でも、私のなかでは変わらず一番だということです。

マリリンが女優として活動したのは十六年。十六年という時間で彼女は社会の底辺の片隅の女の子から世界的大スターとなり、そして亡くなってからも愛され続けるだけでなく、その特異な存在力で「女神《めがみ》」と讃えられるまでになりました。

マリリンが残したものの大きさを考えると圧倒されるけれど、本人は自分がそれほどの存在になるなんて思いもしなかったでしょう。

マリリンはひたすらに必死でした。最後の最後まで、素晴らしい女優に、素晴らしい人間になろうとして、周囲から真面目に受け取ってもらえなくても、どんなに冗談あつかいされても、自らが信じる美を諦めませんでした。

その姿に、イギリスの詩人ブラウニングの言葉が重なります。

――人間の真価は、その人が死んだとき何をなしたかではなく、その人が生きていたとき何をなそうとしたかにある。

生きていたとき何をなそうとしたか。

マリリンの真価はまさにそこにあるのだと思います。

いまどのように生きているのか、何をなそうとしているのか。本書を書きながら何度も自問しました。


担当編集者は『オードリー・ヘップバーンの言葉』に続いて大和書房の藤沢陽子さん。信頼できる方と仕事ができる喜びを、ありがとうございます。

本書は五十歳という節目の年の真っ只中に書いた本であり、私にとって意味深い、大切な一冊になりそうです。

二〇一七年一月三日　あたたかな年のはじまり、ひとりきりの都会の部屋で
山口路子

山口路子（やまぐち・みちこ）
1966年5月2日生まれ。作家。核となるテーマは「ミューズ」、「言葉との出逢い」、そして「絵画との個人的な関係」。おもな著書に、美術エッセイ『美神（ミューズ）の恋～画家に愛されたモデルたち』（新人物文庫）、『美男子美術館』（徳間書店）、小説『軽井沢夫人』（講談社）、『女神（ミューズ）』（マガジンハウス）など。また、『ココ・シャネルという生き方』（KADOKAWA／新人物文庫）をはじめとする「生き方シリーズ」（サガン、マリリン・モンロー、オードリー・ヘップバーン、ジャクリーン・ケネディ、エディット・ピアフ）、そして「読むことで美しくなるシリーズ」第一弾『オードリー・ヘップバーンの言葉』（だいわ文庫）は、多くの女性の共感を呼び、版を重ねる。

山口路子公式サイト
http://michikosalon.com/

だいわ文庫

マリリン・モンローの言葉《ことば》

著者　山口路子《やまぐちみちこ》

二〇一七年二月一五日第一刷発行

発行者　佐藤 靖
発行所　大和《だいわ》書房
東京都文京区関口一―三三―四 〒一一二―〇〇一四
電話 〇三―三二〇三―四五一一
フォーマットデザイン　鈴木成一デザイン室
本文デザイン　吉村亮　大橋千恵（Yoshi-des.）
写真　Photo / Getty Images
本文印刷　信毎書籍印刷
カバー印刷　山一印刷
製本　ナショナル製本

ISBN978-4-479-30637-5
乱丁本・落丁本はお取り替えいたします。
http://www.daiwashobo.co.jp

だいわ文庫の好評既刊